一本书
精通运营

[美]兰德尔·威尔逊 著 杜颖 译
Randal Wilson

中国人民大学出版社
·北京·

序言

组织若想在特定市场中成长和发展,就必须对竞争环境做出响应。而组织如何响应市场需求,很大程度上取决于组织的结构和管理方式。如今,基于互联网的电子商务世界建立在一个更广泛甚至以全球市场为基础的平台上,它要求在管理决策过程中有更快的响应速度。管理层的知识、技能和经验,将决定管理决策过程的速度和质量及其将为组织带来的竞争优势。

正是经理们的知识和技能决定了如何制定和实施管理流程以及这些流程将对整体运营产生何种影响。正如人们使用工具来完成工作一样,经理们的成功很大程度上取决于他们使用何种工具、何时使用以及如何使用这些工具来实现预期目标。经理们还可以使用一些工具帮助其制定流程,以便更有效地管理部门。

项目经理要使用多种专门的工具对项目各组成部分进行管理,以确保项目能够由相关工作人员根据预算按时完成，并能够提供优质的产品或服务。项目管理工具既可以用于开发流程以实现对资源的管理和其他级别的管理，实现对沟通、预算与进度、供应链、流程改进、设施、浪费及风险的管理，也可以应用于运营管理。事实证明，它能够十分有效地帮助经理们最大限度地提高效率、发展生产力和解决问题。这不仅使经理们在进行管理和完成职责时拥有更多的力量和自信，还可以为改进管理文化及组织运营方式提供更有效的途径。

组织总是不断通过改进产品和提高生产效率来增强竞争优势，但是本书为经理们提供的工具是用来进行与产品无关的改进，这同样可以增强组织的竞争优势。从小企业到超大型公司，再到政府、教育和非营利机构等其他组织，无论你在何处，都可以使用这些工具。这些工具既可供运营经理使用，也可供高层管理者和中底层管理人员使用，因为它们在管理职责所在的任何领域都行之有效。

现在，经理们有了他们自己的工具，这些工具将改变他们履行管理职责的方式。当经理们使用这些工具并看到其效用时，这些工具将创造出更强大且令人更具信心的管理资源，从而在组织内缔造出具有先进性和技术性的管理型资产。这些高效的经理将创造出一种管理决策过程中的文化，并使用这些工具帮助组织将变幻无常的竞争优势转化为自身的固有优势。通过使用正确的工具，以及在正确的时间、以正确的方式使用这些工具，经理们可以实现比以往任何时候都有效得多的管理。

前言

管理的现实

组织的形式可谓五花八门,从两三人的运营团体到拥有上千名员工、不同职能部门和多层管理结构的超大型公司。所有这些组织都具有相似的特征,有针对特定目标的流程、运营和管理费用、进度计划、资产设备管理和人力资源管理等。它们只是组织中的一些典型特征,却代表了需要进行管理并可能出现问题的各个领域。

组织最初设立时,创始人和高管们主要负责制定政策和程序,为组织的运营和发展奠定基础。之后他们将聘用经理来监督组织内部程序的完成情况和政策的执行情况。

这就像一位掌舵的船长,他不仅知道预定的航向,还拥有操纵船只到达目的地的技能、工具和经验。如果将经理视为其部门的船长,那他必须清楚地认识航向,即完成预期目标所需的流程，并拥有能够有效引导该部门迈向预期目标的知识、技能和工具。这不仅要求经理为部门指出正确的方向，还要求他做出适当调整，以引导该部门，使其不会偏离航道。

问题是，为了使该部门保持正确航向，经理在做出必要的调整时，是否具有相应的知识和工具？

运营管理中的项目管理工具

项目经理在引导项目朝正确的方向发展时，需要对多个领域进行监督和控制，这与运营经理非常相似。项目中也有一些特征与职能组织内的部门相同。为实现项目目标，有些工作包或任务是必需的，但只需执行一次，不用重复。而部门中有一些被称为流程的工作包则需要持续执行，例如人力资源管理或资源和物料调度，它们也用于实现该部门预定的目标。项目经理通常要为特定的项目创建一套高效、简化且组织良好的流程，为此他们要承受不少压力。经理们为实现预期结果还需在部门内执行一些流程。正是这种存在于"项目经理如何管理这些流程"和"运营经理如何处理这些流程"之间的联系，揭示了那些可用于运营管理的项目管理工具。

在多数情况下，项目经理会查看项目所需工作的方方面面，以及为实现目标所需的所有资源。这要求项目经理擦亮眼睛，就像是他第一次接触该项目一样，仔细审查项目的各个方面。因为运营经理每天都会接触到这些流程,所以他们可能会忽略那些看似正常实则会引发问题的领域。如果经理们回过头来重新审视他们的部门,就可能会发现一些明显的可改进之处。本书将为经理们提供一些工具和视角,以揭示那些可以改进但平时可能被经理们忽略的隐藏问题和领域。

在某些情况下,以不同视角看待事物本身就是一个强大的工具。它可以洞察到经理们缺乏控制的领域。在这些领域,经理们需要展开调查,设置监督系统来收集信息,以确定其应当在多大程度上采用何种控制方式。项目经理之所以能够看到运营经理的疏漏,原因就在于他们尚未对这些流程习以为常。本书旨在让运营经理从项目经理的角度看待其部门,并在运营中利用项目管理工具和技术对相关领域加以改进。

这本书适合我吗?

在这一点上,经理们可能会问:"这真的适合我吗?"或是"这有必要吗?"以及"这会带来什么变化?"回答这个问题的是另一个问题:如果经理们真的需要在部门内部做出调整以使其免于偏离航向,那么他们是否具备必要的技能、知识和工具,能够对资源管理控制、预算控制、流程改进、沟通、培训、风险管理、部门组织等方面进行有效的调整?这些只是本书将要涉及的一些领域。在这些领域,项目管理工具和技术在运营管理中的效用都已得到反复证明。

　　掌握这些工具和技术并不需要经理们接受过高水平的教育、拥有多年经验或数学专业知识，只要经理们能够承担其相应的责任，就能够理解、实行并完善这些工具和技术。对于那些拥有多年管理经验的人来说，这些工具和技术中有一些可能看起来很眼熟，但是如果从不同视角看待它们，可能在使用时会更加得心应手。你可能就如何使用它们产生新的灵感，或惊奇地发现实现高效的新方法。

　　一些经理可能已经晋升至一定的层级。他们可能为了管理好特定领域而殚精竭虑，也可能不熟悉运营的相关领域，这使得他们有必要使用更高效的工具来更好地控制部门内的相关领域。这也是一个很好的机会，使其可以从不同角度来看待该部门，并采用高效的工具和技术改变其对部门进行监督和控制的方式。

　　新上任的经理或管理学毕业生也可以用一种非常前卫且极具策略的管理风格开始他们的职业生涯，这将使他们不仅在部门管理方面也在部门控制方面取得更大的成功。这种视角能够使经理们更多地从流程的角度看待部门的其他领域，从而采用相应的工具和技术有效地管理其他经理可能力不从心的领域。

　　高级管理人员可以使用这些工具和技术对中低层管理人员进行培训，提升他们在管理方面的知识和技能。你肯定不希望看到经理们汇报说他们在管理和控制各自部门时遇到了种种困难。本书中展示的工具将帮助经理们从不同角度看待他们的部门，通过对监督系统进行设计并使用控制技术来帮助经理们做出调整，从而简化运营流程。使用这些工具，通常可以改进费用管理、流程、资源分配、风险降低和消除、沟通以及浪费管理等方面。

  各级管理人员都希望取得成功，并希望他们所做的一切都是为了在其职责范围内进行全方位的管理。拥有这套经理工具箱中的工具和技术，经理们将不再仅仅是部门工作成果的汇报者，而是部门的实际控制者和管理者，他们为了实现其目标，通过精确调整，提高成本效益，使部门更加简化并步入正轨。

目录

第 1 章
完成的力量 / 001

如何从完成中获取力量？ / 001

对任务或项目充满信心 / 002

对任务或项目进行正确的评估 / 003

对任务或项目进行管理 / 005

完成任务或项目的责任 / 007

拒绝盲目 / 009

时间是重中之重 / 010

组织一个任务或项目 / 012

任务是否会成为正式项目？ / 018

运营经理或项目经理——你
　是谁？ / 019

流程管理与进度报告 / 020

经理们的强力工具 / 022

强力工具汇总 / 024

第 2 章

沟通为王 / 027

为何进行沟通 / 028

沟通途径 / 028

沟通的应用 / 031

会议沟通 / 034

沟通管理计划 / 037

强力工具汇总 / 042

第 3 章

确定流程 / 045

什么是流程？ / 045

为何关注流程？ / 046

流程制定 / 048

文档 / 053

为流程配备人员 / 055

对员工就相关流程进行培训 / 057

监督和测量流程 / 059

改变流程 / 064

是否有更好的方法？/ 066

强力工具汇总 / 067

第 4 章

浪费管理 / 069

在组织中，什么是浪费？/ 069

流程组织形式 / 071

浪费或制造成本降低？/ 074

采购中的浪费 / 077

收发上的浪费 / 078

设施的浪费 / 079

管理决策中的浪费 / 080

会议和决策处理上的浪费 / 081

可持续变化 / 084

强力工具汇总 / 086

第 5 章

资源管理 / 087

了解你的资源 / 087

人力资源 / 089

管理与领导 / 093

人力资源配置 / 095

新官上任 / 096

资本设备 / 097

设施 / 098

设备 / 100

强力工具汇总 / 102

第 6 章

预算控制 / 105

建立预算 / 106

预算范围 / 109

控制预算 / 110

合同 / 123

结论 / 125

强力工具汇总 / 126

第 7 章

不要惧怕风险 / 129

今日运营风险 / 129

风险与不确定性 / 134

风险管理规划 / 136

从经验中吸取教训 / 153

强力工具汇总 / 156

第 8 章

协同管理 / 159

管理行为 / 160

管理多元化 / 161

管理关系 / 162

沟通系统 / 165

经理的需要 / 169

强力工具汇总 / 172

第 9 章

培训 / 175

培训是一个流程 / 175

培训方案 / 176

强力工具汇总 / 188

第 10 章

最薄弱的环节 / 191

采购 / 192

供应商关系 / 195

供应商 / 198

库存控制 / 202

强力工具汇总 / 206

第 11 章

为效率而进行组织 / 209

应该在哪个层级进行组织工作？ / 211

融入设计 / 218

成本效益 / 219

强力工具汇总 / 220

第 12 章

对变更进行管理 / 223

为何都要改变？ / 224

变更带来的问题 / 226

变更类型 / 230

文档变更 / 234

变更是一个流程 / 235

强力工具汇总 / 243

// 第 1 章

完成的力量

如何从完成中获取力量?

组织的力量可以通过多种形式加以表现,但本章重点关注的是任务和项目完成领域以及完成所实现的力量类型。我们在理解"力量"一词时,不应局限于"权力"或"权威",而应充分发挥我们的批判性思维,探索经理们在整个领导过程中"力"所能及的一切可能。在管理过程中,经理们会觉得某些领域在其掌控之下或难逃其股掌,而另一些领域又似乎力不从心。力量也可能来源于一些最微不足道的领导领域,这些领域可能被忽视或根本未被纳入考虑。关键在于掌握控制权或获取力量;管理中最真实的力量就是圆满地完成工作。领导过程中存在着大大小小各种力量,而对"完成"这一领域进行研究将有助于我们揭示一系列工具,帮助我们在管理时获取力量并更好地发挥领导技能。

对任务或项目充满信心

作为一名经理，你应该认识到，你在任务管理方面的领导工作能否成功很大程度上取决于两件事：你是否对你正在做的事充满信心，以及那些向你汇报的人是否对你正在做的事充满信心。你必须相信你所做的是必须的，才能让那些向你汇报的人也相信这一点。如果你尚未完全投入这个任务，这将体现在你组织和管理任务的方式上。如果你热切地希望做成某件事，这也会在你组织或确定这项任务或这个项目时表现出来。正是由于你认识到了这项任务的价值并真心希望完成它，你才会铆足劲，用最高效的步骤来实现这一目标。你将把时间和精力投入计划中，并选择最佳资源来完成这项任务。你将安排会议，对所有细节进行仔细检查，以确保每个人都了解所需的内容。你对细节的关注度和采用的组织形式都清楚地告诉每个人你对你正在做的事是多么自信。这不仅展示了你的领导特质，也在组织内部传达了该任务的重要性。

团队中的其他成员也会知道你对这项任务充满信心。如果这项任务对你而言很重要，那么对他们来说也将很重要。他们的忠诚度来源于他们在你的领导下对该项目的认识。他们往往把你当作榜样，因此你需要在对任务或项目进行监督的同时进行一些重要的思考：

1. 你相信这项任务是切实可行的吗？

2. 你认为现有的人力资源是否足以胜任？

3.你认为这项任务对组织而言是不是必要的？组织能否从中获益？

> **强力工具**
>
> 力量源于信仰，你相信你所做的事充满意义——你不仅如此认为，还为此提供支持。如果你相信你将要完成的任务，那么在完成任务的过程中你就会获得更多的力量。这也将使那些向你汇报工作的人相信这项任务或这个项目，为你完成它赋予更多的力量。

对任务或项目进行正确的评估

当你意识到需要完成某项任务时，就应该开始评估。如果有关任务或项目的信息缺失或不正确，则即使是公司中最好的项目团队也无法完成任务。要制定准确的任务或项目计划，必须明确并充分理解以下两个方面：

1. 范围——仅限于需要完成的工作。

2. 目标或交付成果——任务或项目产生的产品、服务或预期结果。

在某些情况下，经理们可能明确了目标，但未充分理解任务的范围或边界，从而使其扩展或超出原定计划，而不得不花费更多的时间和精力才能完成。如果没有明确的范围，还可能造成资源分散或错误配置，从而走上一条不必要的道路，浪费时间和精力。

强力工具

　　此处的强力工具意在帮助团队专注于完成任务的必要事项，确保其效率。

　　为何难以完成任务，部分原因在于设定的目标不切实际。如果管理层会议设定了过于乐观的完成时间，却无法在该时间范围内完成，就可能导致该任务失败。如果最初未能考虑任务或项目的所有组成部分，就有可能会设定一个不切实际的时间范围。为充分了解每个任务所需的时间，经理们必须知道如何获取这些信息。时间范围仅仅是你的良好愿望，还是你在咨询专家意见后做出的准确评估？在对任务或项目进行管理时最大的问题之一就是如何坚持按计划进行。如果是基于不准确的时间信息制定的计划，那么按计划执行将变得尤为困难，你会感到自己无力完成这个任务或项目。

强力工具

　　为在报告中明确总体完成时间，有必要获取有关时间和计划的准确信息。

　　切实可行的时间信息有助于任务或项目执行过程中的时间规划，确保资源的配置和使用尽可能地按计划进行。这是你在完成任务过程中获取力量的另一种方式。

　　另一个需要考虑的方面是团队的技能。如果团队的技能不足以应对任务的范围，任务失败的概率就会高得多。一个团队若具备相应的技能，就会对任务的成功发挥不小的作用。一些资源可能夸大他们的能力，从而使团队陷入窘境。一些资源可能由经理指派给任务团队，尽管他们可能缺乏相应的技能，却成了唯一可用的资源。

> **强力工具**
>
> 经理选择和雇用具有相应技能的员工，将为其在组织中完成相应工作积蓄力量。

为做出正确的评估，还应收集任务或项目所需的信息。完成任务或项目的力量实际上也是开始任务或项目的力量：具有明确的目标范围以及准确的成本和进度数据。任务状况报告也许能够准确反映出正在发生的事，但根据任务开始时设定的原始数据，也可能出现超出预算或落后于计划的情况。如果你能够在开始时获得更准确的信息，那么只要你坚持按计划进行，就能拿到更令人满意的任务报告。因此，请注意不要在这方面犯错误——如果你在开始时设定的基线数据有误，那么即使你的团队足够尽职尽责，也无法取得满意的效果。

对任务或项目进行管理

如果在召开"新项目"会议时发现大多数事项都尚待计划，员工们一定会相当失望。有的领导者习惯于对每一名员工做出指示，告知他们接下来应该如何针对项目的剩余部分采取行动，但这种杂乱无章的办事方式往往让员工们感到失望。同时，这也暴露出经理们对该任务的不自信以及他们不曾投入时间对其进行规划。一些经理自以为是地将这种方式视为"我提出一个总体纲要，你们自己想办法实施"，这其实相当于告诉员工：我并非真的支持该任务，并且我希望团队成员自行对任务进行组织和管理。

> **强力工具**
>
> 经理们若真的对某一事项充满信心，就会在其中投入时间并发挥领导作用。

如果团队成员认为领导者投入了相当多的时间组织该任务，他们就会更积极地参与进来。因此，组织至关重要。对一个团队而言，领导、方向和组织都是必需的；如果没有这些基本组成部分，完成工作时就不会产生力量，或者在多数情况下，根本无法完成工作。在管理中缺乏领导力往往是组织效率低下的原因，这可能会直接影响企业盈亏。员工们对专业性的理解大部分来自他们对管理层的看法。

这也会使员工们逐渐形成自己对部门内任务分配及项目组织的看法。不要小看团队成员的看法，因为多数成员都会十分迅速地在第一次会议时从领导者处得到一种组织认同感。

> **强力工具**
>
> 有序的组织对经理和团队都有好处。良好的组织涉及一些

具体细节，例如详细的任务清单、接受任务分配的相关人员姓名及分配理由、单个任务项的时限和范围，甚至一些可能的风险等。

良好的组织意味着领导者花费了大量的心思和时间并对细节给予了必要关注。团队成员将看到这一点，并意识到经理有多重视这个项目，这将给他们一种归属感，将其当作自己的项目认真实施。在你的部门中，这就是完成任务或项目的力量。必须有一股驱动力来引导团队，使他们保持专注，在他们之间分配任务，并让他们承担完成任务的责任。如果将制定任务的重任留给团队，则很可能会导致争论不休并造成延误。因为这项任务似乎对谁都不重要，团队成员都不感兴趣。这就会导致项目失败。重要的不是经理们永远都能领导团队取得成功，而是必须有一个明确的领导者，且整个团队都应该知道是谁在领导他们。

完成任务或项目的责任

管理问责制的两个基本要素是：
1. 明确所要做的事；
2. 计划在一定的时限内完成指定的任务。

问责制适用于对指定目标进行监督的经理和接受实际待办任务的员工。这里的重点是，让团队成员认领自己的任务，而经理则负责监督完成这些任务。不要忘了，经理们应负责在他们的部门中完成相应的流程并雇用员工来执行任务。团队成员在完成任务时需要遵守相应的质量标准。除了完成任务，问责制还需要确保所完成的内容在范围和质量上具有完整性。

经理们在他们尚未取得团队执行任务所需的数据时，就常常在会议中做出过多的承诺，或者做出他们将要完成项目或任务的表态。这对团队而言可能相当危险，因为他们尚未对承诺进行投入，就已经开始对承诺负责。这对经理而言也很可能是不利的，因为这样很难让团队专注于项目本身的范围并按计划开展项目。不要用不准确的承诺出卖你的团队，而应该找到正确的信息，并向其他经理报告你所承诺的事项的最新进展。这不仅能在你的同行中，也会在你的团队中提高你的信任度。

强力工具

在完成和问责带来的力量中，其中一个工具就是拥有准确的数据。不要猜！

项目开始之后，信息流至关重要。管理团队为获取有关任务或项目的信息，多久开一次会？会议太频繁则没有足够的时间来完成任务，但如果不时常会晤，就会使经理在进行准确汇报上失职。必须时常安排汇报会，才能获得报告所需的正确数据，同时提高管理时效并缓解问题状况。如果无法尽快发现问题状况，则可能会对任务或项目产生不利影响。

拒绝盲目

经理们肩负需要进行思考和决策的责任，并且在付诸实践时就能看出他们的决策能够发挥多大的作用。经理们可能遇到的阻碍之一是照搬已有的经验。有时，经理们可能有一个关于如何完成任务的很棒的主意，并想要据此完成任务，这通常是好的，但也有缺点。经理们可能在工作中日复一日地使用过时的方式，却无法对部门的整体效果感到满意。经理们需要不断改进，并且他们可能会意外地从部门员工那或在管理层会议上发现新主意。组织内部的一个强力工具就是团队会议。如果进行得好，可能会激发出一些想法，并通过缩小其范围找出最佳行动方案。经理在检查决策过程时，可以采用类似的方式并同时对其他选项进行评估，因为完成任务的方法可能不止一种。

> **强力工具**
>
> 打破常规，并考虑其他替代方案。

坚持最初的计划可能会取得不错的成果，但可以考虑放宽眼界，寻求其他完成任务的方法。

> **强力工具**
>
> 组织中可能有其他人过去做过类似的事，你可以咨询他们，了解"经验教训"，并避免他们曾经犯过的错误。

某些情况下，在你的团队中集思广益可以发现一些略有不同的方法，从而提高效率。

> **强力工具**
>
> 集思广益有时还涉及一些团队技能，如倾听与听，以及召开信息采集会议，它可以提供一些其他完成任务的方法。

这些类型的活动对于发现与项目相关的新事物和建立一个优秀的团队都十分有益。

对经理来说，这会是一个大开眼界的经历，它揭示了完成任务或项目可以有多少种不同的替代方案。这种决策过程可以成为经理们做决策时使用的一种非常有效的工具，也是了解团队成员及团队互动方式的一个机会。它也可以用作团队建设的教学工具。

> **强力工具**
>
> 对于经理来说，重要的是他如何在决策过程中保持开放的态度并考虑其他方面的信息，从而帮助其制定最佳的行动方案。

始终牢记这个问题："正确完成任务或项目最快且最具成本效益的方法是什么？"

时间是重中之重

在任何组织内，时间都是极为重要的资源。许多研究对公司每年浪费的时间和成本进行了量化，发现其不仅体现在金钱上，也体现在资源的低效使用上。最难管理的领域之一是人力资源效率。一个众所周知的事实是，人是有差异的，且每个人既有优点也有缺点。经理们雇用人员的主要依据是技能，这些技能表现了完成相应工作所需的优点。当这些人员已经就绪，可以履行其职责时，有时还需参与其他任务、项目或团队会议。因而，员工可能受到以下任一方面的影响：

1. **机遇**——该员工能够正常地执行其本身的任务并有机会参与其他任务，从而进一步开发自身能力并提高工作满意度。"他们游刃有余。"

2. **煎熬**——该员工只想履行其分内的职责并认为他不应该参与其他任务或项目。该员工可能有也可能没有能力执行额外的任务，并认为这会增加其工作压力。"他们穷于应付。"

在大多数情况下，经理会给自告奋勇的员工提供这些机会，这些人最有可能拥抱机会而不是将其视为苦差事。但需要注意的是，经理们不要忘了，该员工不仅仅正在履行他自己的常规职责，还承担了额外的工作，因此他需要接受一些关于调整工作安排以纳入额外的任务的指导。这就是出现问题的地方，经理们有可能从中获取力量，也可能因此失去控制。

经理们可能通过会议总结出一张行动列表，并向各个员工分配新任务，以便开始新工作。处于这些新任务或新项目中的经理可能会过度专注于完成这些任务，而忘了这些员工还有他们的常规工作需要去做。经理们仍然需要根据各员工的运营能力来安排他们的工作。当这些员工脱离他们正常的工作岗位时，组织往往会遭受损失。但员工对特殊任务的贡献又可抵消掉该损失，使组织受益。所以，为取得更好的结果，必须从大局上平衡组织中各个员工的时间和任务完成情况。

> **强力工具**
>
> 你必须保持正常部门工作和特殊项目工作的平衡，最有效地利用各个员工的时间并使组织受益。

如果在特殊任务上花费太多时间，可能会降低士气，因为人们更容易从常规工作中获得满足感。

人们在平衡正常工作与特殊任务上花费的时间以获得一定的工作满意度时有一个微妙的临界点。对有些人而言，在任务上花费太多时间会使他们远离正常工作。一旦超出他们的承受能力，他们就会埋怨这个让他们无法正常工作的任务，从而导致工作满意度降低。而有些人则会在特殊任务中茁壮成长，他们希望摆脱正常工作以获得他们想要的满足感。他们希望同时执行多个任务并尽量避免常规工作。这对组织或资源来说都可能好坏参半。第 5 章 "资源管理" 将对这个话题进行探讨。

组织一个任务或项目

在与管理人员交谈时，你会惊奇地发现，他们觉得最困难的往往不是大项目，而是小任务。在管理层会议结束时，你会发现，大项目通常已经拥有大量相关的资源、能量、关注度和管理透明度。大项目通常被分成较小的子任务，而这些子任务都分别拥有与之相应的工作任务。正是由于对大型任务的关注度如此之高，才能获得切实的动力并实现目标（力量强大）。而相对于小任务或小项目而言，初始会议对它们的讨论较少，只有很少的人被分配到该项目中，并且几乎没有与之相应的关注度或能量。它们没有再进行细分，并且很难获得牵引力和推动力，这使得完成任务困难重重，甚至遥遥无期（没有力量）。

强力工具

在执行任务或项目时，最好能将其分解为较小的子任务，以便更好地划定所需的内容并更好地管理每个部分。

最初构建项目时面临的问题之一就是如何尽可能多地了解任务细节，以涵盖项目完成过程中涉及的方方面面。如果数据不准确，经理开始实施项目时依靠的是不完整的信息，就可能导致不准确的计划或成本信息。将任务或项目细分的好处如下：

- 建立任务或产品的纲要，以便更好地查看所有所需完成的工作。
- 将项目分解为数个主要部分或主要步骤。
- 方便划分每个步骤，并将各步骤细分为更小的工作包。
- 使每个步骤都不易被遗忘。

- 轻松地与项目团队就该工作进行沟通。
- 创建更好的资源调度工具。
- 使项目更有效地运行。
- 经理能够对问题和风险进行更好的管理。
- 经理能够更准确地报告项目情况。

当项目被细分为更小的组成部分后,各员工可能会将自己的部分看作一个更小、更容易完成的任务,而若他们将自己的部分看作一个单独的大项目,则会花费更多时间。这一工具的部分力量来源于员工对其工作的看法。可以是他们对自己常规职责的看法,也可以是他们对其自愿参与的额外任务的看法。许多时候,"经理"或"主管"的头衔可能因其涉及的责任而令人生畏,但实际上组成这些头衔的职责也只不过是一系列较小的工作任务。员工如何看待那些需要他完成的任务,可能会大大影响他对工作负担的看法。将项目或任务分解为更小的部分,就会使大项目看起来比最初想象的容易得多。这对经理来说同样有益。项目经理也是这样看待自己的项目并就各个任务进行沟通的,每个员工只需要关注自己的那一小部分即可。

当部门内正在进行的各个任务都在经理的组织和控制下时,他们就更成功。经理们应该寻求能使自己的部门更有效运行的方法,并更多地关注各位员工的工作细节。这可以让经理们用更充分的信息来制定替代方案。当经理们有能力切实管理和控制部门中正在进行的工作时,他们对自己的工作就更满意。从事项目工作或在该部门工作的人员会看出,经理的工作有条不紊,对正在进行的工作有远见、有方向,并知道什么可以引领团队走向最终目标。这还可以强化部门或团队内部的问责制,各员工可以知道更多关于自己要做什么以及在何时执行相关任务的详细信息。

强力工具

完成的力量存在于组织中,它可以对正在进行的工作施加更多的控制。这不仅体现在任务报告中,也会让你实实在在感觉到你对资源、任务细节和计划的控制能力,从而更好地组织各项任务。

项目管理中使用的工具之一就是"工作分解结构"(work breakdown structure),或称为 WBS,如表 1.1 所示。它可以帮助运营经理更好地组织其部门。

表 1.1　Microsoft Excel 所展示的工作分解结构

任务编号	WBS 代码	项目任务	工期	前置	资源
1	1	项目名称	共 33 天		
2	1.1	子任务一	小计 14 天		
3	1.1.1	下层子任务或工作包	2 天		名称
4	1.1.2	下层子任务或工作包	7 天		名称
5	1.1.2.1	底层工作包	4 天	3	名称
6	1.1.2.2	底层工作包		5	名称
7	1.1.3	下层子任务或工作包	5 天	6	名称

续表

任务编号	WBS 代码	项目任务	工期	前置	资源
8	1.2	子任务二	小计 8 天		
9	1.2.1	下层子任务或工作包	5 天	7	名称
10	1.2.2	下层子任务或工作包	3 天	9	名称
11	1.3	子任务三	小计 11 天		
12	1.3.1	下层子任务或工作包	7 天	10	名称
13	1.3.2	下层子任务或工作包	4 天	12	名称

可以使用 Microsoft Excel 或 Microsoft Project 构建此结构。工作分解结构可将工作细分为较小的任务。你可以继续根据需要分解这些子任务，直到你得到所谓的"工作包"。这有助于经理们按照顺序组织任务，并揭示哪些子任务需要在其他任务开始前完工，即所谓的"前置"。前置能够帮助经理了解工作流程和任务顺序，也可从责任的角度帮助经理了解哪些人需要在其他任务开始前完成工作。

经理也可以使用工作分解结构将资源分配给任务、子任务及工作包，并基于资源分配来监督任务或实际执行任务的人；还可以在工作分解结构中安排其他内容，例如资源和物料成本、完成特定任务的开始时间和结束时间以及质量检查点。该工具可用于项目，也适用于那些有多个工作组成部分且需按顺序安排的部门，帮助它们构建一般性的组织结构。

工作分解结构不仅可以帮助经理们了解与任务和资源相关的信息，还可以更好地对项目将来用到的资源进行组织和规划。经理们也可能希望通过 WBS 帮助他们掌握大项目中的所有待办任务。首次组织大项目时，可能难以理解需要完成的所有工作，因为工作量可能相当大或持续很长时间。从项目的主要细分部分开始，可以获取相关信息，形成信息库，然后进一步划定其他需要完成的工作并进行组织。在多数情况下，我们会在资源分配时进行进一步细化。

运营管理的一个重要领域是资源管理。资源可以是设施、资本设备、现金或信贷额度、IT 和通信系统以及人力资源。在工作分解结构中，经理不仅可以向任务分配人力资源，还可以分配完成项目所需的其他资源。这对组织内的效率至关重要，因为大多数公司都无法拥有无限的资源供应和有组织的调度结构。经理所需的一些资源可能是不可或缺的，例如信贷额度、昂贵的设备、公司飞机，或外部公司、承包商使用的资源等。使用这些类型的资源需要特别小心，并且在某些情况下，可能需要订立合同以确定该资源的应用范围。在部门内，财务资源可以很小且易于管理，也可以非常大，从而需要一定的信贷额度或在公司财务资源中占据很大一笔数额。这时，经理们就可以使用工作分解结构来帮助财务经理等其他管理人员了解该项目何时需要用到这些关键的财务资源。

中层管理人员可能无法知道公司所需的现金流量。现金流通常用于工资、物料、设备和运营等事项，但是当进行特殊任务或项目时，可能需要额外的财务资源来完成运营项目或领域中的关键事项。使用 WBS 可以与财务部门很好地协调项目任务或运营中对成本敏感的领域，不仅可对现金流进行规划，还可与组织中的所有部门进行协调。这在不同层级的管理和责任中有所不同。

如果经理对单个部门负责，那么在监督该部门内的特殊项目时可能较为简单化。在这种情况下，经理往往更关注正在执行任务的人员和细节。如果运营经理负责多个部门或设施，则需要更多的组织方法和工具，如工作分解结构，来帮助其进行识别并安排流程，或划定特殊项目的范围。对正常部门活动和特殊项目活动中使用的资源进行协调非常重要。这种类型的工具将组织、定义、物流、资源和责任全部结合在一起，使它们在一个单独的工具中可见，并在完成任务时增强经理的力量。

任务是否会成为正式项目？

我们将讨论的内容大多涉及部门的组织和/或特殊项目。由于大多数部门都有其日常执行的常规任务，因此，管理的一个关键步骤是决定何时将一个部门中正常执行的任务视为一个项目。项目任务应有起点和终点，并与部门中的其他事项区分开来。它们可以是一些特殊的事项，如流程或文档开发、设施或组织事项，或者是通过培训来提升部门或员工。重复性的任务通常不是项目。如果某些事项只需一次完成且与部门中的常规任务相分离，则可能是项目。在某些情况下，一个独特的任务——"项目"，可能足够大，以至于需要一位项目经理（可能就是你）。这些任务够大，可以分解成资源团队，并采用大项目类型的步骤进行组织。无论何种情况，经理都需要对部门中的任务和流程进行评估，以确定它们是否是常规的运营任务或项目。这是完成任务的关键步骤，经理们需要确认何为项目、何为日常流程。

运营经理或项目经理——你是谁？

汇报会是对运营经理的考验，用以确定他是否真的能够管理任务或项目。在多数情况下，经理都很擅长管理自己的部门，但当他们接到特殊任务安排时，又是何种状态呢？作为经理，你必须克服的第一个阻碍是不能完成任务而在下次汇报会上报告说你还需要更多的时间。如果是第一次发生这种情况，可能还能接受。但如果有下次，团队就会开始对你的领导能力失去信心。另一个问题是，你越是习惯推迟交期，就越容易持续这种不断推迟的状态，而且你不再处于任务完成模式，而是处于任务维护模式（被动）。这项任务随后成了定期举办的活动；任务变为了常规事项；团队已经意识到你不再相信这项任务，且任务的重要性已经降低。

高层管理者看重的不仅是经理完成他们常规职责的能力，还有他们运营并完成特殊任务和项目过程中取得的成功，最主要的是完成特殊任务或项目的能力。在准确评估计划完成日期并应用于项目中时，经理们会在结束任务时了解到他的团队工作做得是否出色。这并不意味着经理们可以推迟交期来确保合理进度，因为如果那样，这些任务会拖过长的时间。经理们必须勤于按计划行事并对团队进行管理，以达成目标。在某些情况下，经理应当尽可能获取有关完成日期的准确信息，而不是制定出一个不切实际的计划。

这是完成中获取力量的第一步。作为一名经理，应尝试改善流程以更好地开展组织工作，利用一些额外步骤来了解你自己和你的团队将要做的事情。大多数错误都来源于对时间、资源或任务的成本及范围的不良评估，这要么导致任务无法完成，要么导致完成期限过长。当运营经理未能像项目经理那样思考，就会出现这种情况。他们将过多的精力花费在部门常规工作上，而没在特殊任务上投入足够的时间，也没有像项目经理那样进行周密的思考。运营经理是可以做到这一点的；他们只需要知道应当何时利用他们所拥有的基本工具来帮助他们组织项目。按时、高效地完成这些特殊项目有助于节省组织的时间和金钱，并增加经理和组织的力量。从另一个角度我们可以观察到，经理们在完成这些任务时是如何对常规流程进行组织的，以及他们在其中施加了多少控制或力量。

流程管理与进度报告

大多数经理都需要对正在完成的任务或流程进行监督，但是如果任务出错或未按照预定的方式进行，经理们往往不确定该如何解决这类问题。随着流程完成，会出现问题或阻碍，从而导致计划延期。在多数情况下，经理们会在经理会议或汇报会这类会议上报告（计划）延迟或在某些方面出现了问题。经理们真正应该告知的是他们对问题的"观察"，而不需要说明他们对修复程序的各个步骤是如何"管理"的。

有效管理的一个关键是提升对资源的利用，以改进流程或项目预算和/或计划。对流程或项目进行监督可采用两种基本方法：报告和管理。报告时，经理对团队进度进行观察并汇报状况。管理时，经理操作项目内的事项，从而使项目按计划或预算进行。首先，对所有需要完成的任务进行概述，并设定项目成本和计划的基线。随着项目的开展，你可以将实时数据与基线进行比较，以监控任何偏差，并寻找方法调度资源，使成本或计划相符。根据你设置的任务或项目，有不少工具可以帮助你按时完成工作，其中一部分将在后续章节中介绍。

在完成某个流程的过程中，对各个资源需要知道在出现问题时应该如何应对。经理可以增加更多的资源来改进计划，或者在其他情况下，经理可以购买或租用有助于解决问题的事物。无论选择何种方案，经理都需要了解应如何解决问题，这涉及风险评估、管理以及真正在问题发生前识别潜在问题等领域。

强力工具

对风险领域进行评估并不难；你只需要花一点时间询问关键人员可能出现问题的地方，以便为此制定计划。

为问题制定计划是"管理"流程或项目的一个好方法，因为当你试着考虑潜在风险等一些细节时，你会感觉自己更有控制力。

经理们的强力工具

以下是回到原来运行轨道的方法：

1. 同时执行任务。如果有多个任务等待执行，且每个任务都必须在下一个任务开始前完成，则需要重新对任务执行顺序进行评估，以确认其必要性。可能有几个任务可以一起或同时进行，这样你就可以跟上原定的计划。

2. 任务开始和结束的顺序。在项目的初始布局中，一些特定的任务必须在另一些任务开始之前完成。你可以重新对此进行评估，因为可能有一些任务无须在之前所有的任务都完成后才开始。这将使你在计划中跨进一大步。

3. 从其他任务中借用更多资源。对于某些花费过长时间完成的任务或流程，你可能需要增加其资源。请记住，"资源"可以是组织拥有的任何东西，无论是人、设备、计算机，还是信用额度。在任务中暂时加入一些人力资源，可以使其回到原有计划并对整体完工日期有利。你落下的每一天都会使结束日期推后！

4. 评估任务的范围或要求。你最初打算实现怎样的结果？你是否有些好高骛远？有时再次审视你正在做的事可以帮助你重新将重点放在团队上。团队也可能会分散注意力并偏离主题，从而失去重心。让团队专注于手头的任务。

5. 确定你是否拥有此项目或任务所需的技能。评估你的团队或部门中的人员以及他们是否拥有按计划、按预算完成任务和流程的技能。在任务中，较缺乏技能的员工有机会获得经验并得到提高，这非常棒。但是，你还必须考虑进度和预算。如果这些员工难以达成目标，则可能需要你向他们提供一些帮助或考虑其他技能更好的员工。

经理们可能同时监督多个任务和流程，并且可能需要充当计划经理或项目经理。这可能需要经理们拥有一些他们本来不具备的其他技能或知识。根据经理的层级和他们监管的部门数量，他们可能将自己的部门视为某计划中的项目来进行组织。你如何看待你的组织——如同一个拥有大量资源的部门？或者你将其看作一系列如同小项目团体一样的较小的团体或单位？

组织运营的原则之一就是将内容分解为更小的组成部分。这可以使你更加清晰地看到和了解你的组织中各个单独的部分。这就是为什么首席执行官（CEO）不对组织中的所有部门进行管理，因为他们只会看见概况。当组织被分解为较小的部门时，CEO就可以看到公司中进行独立管理的单独的职能部门。

运营经理需要以相同的方式看待他们的部门或组织，将其分解为较小的团体或组成部分，以便更好地监督和控制该部门。当你将任务、流程或项目分解为更小的部分以更好地理解任务目标并帮助你对任务中的资源进行组织时,你就进入了另一个层次。根据流程或项目的大小,你可能需要进一步把每个部分分解为更小的子任务。

组织始于经理们对其所管理的事物的"看法"或观点。项目经理取得成功的工具之一是项目的透明度,对项目进行细分可以使细节更加清晰。将部门分解为较小的组成部分有助于认清正在进行的工作并将其细化,这使得经理能够真正地"管理"任务、成本和计划,从而完成项目。这也使经理们能够承担并完成特殊项目,让经理们有力量完成他们想要完成的工作。这种观点是具有组织性和透明度的,经理们知道他们会比"简单地看着"更具有控制力。经理们应该知道他们有能力在需要时做出改变,并且使用关键的工具可以使经理们对"管理"更具信心。

强力工具汇总

- 力量来源于信仰,你相信你所做的事充满意义。你不仅如此认为,还为此提供支持。如果你相信你将要完成的任务,那么在完成任务的过程中你就会获得更多的力量。这也将使那些向你汇报工作的人相信这项任务或这个项目,为你完成它赋予更多的力量。

- 此处的强力工具意在帮助团队专注于完成任务的必要事项,

以确保其效率。

- 为在报告中明确总体完成时间，有必要获取有关时间和计划的准确信息。
- 切实可行的时间信息有助于任务或项目执行过程中的时间规划，确保资源的分配和使用尽可能地按计划进行。这是你在完成任务过程中获取力量的另一种方式。
- 经理选择和雇用具有相应技能的员工，将为其在组织中完成相应工作积蓄力量。
- 经理们若真的对某一事项充满信心，就会在其中投入时间并发挥领导作用。
- 有序的组织对经理和团队都有好处。良好的组织涉及一些具体细节，例如详细的任务清单、接受任务分配的相关人员姓名及分配理由、单个任务项的时限和范围，甚至一些可能的风险等。
- 在完成和问责带来的力量中，其中一个工具就是拥有准确的数据。不要猜！
- 打破常规，并考虑其他替代方案。
- 组织中可能有其他人过去做过类似的事，你可以咨询他们，了解"经验教训"，并避免他们曾经犯过的错误。
- 集思广益有时还涉及一些团队技能，如倾听与听，以及召开信息采集会议，它可以提供一些其他完成任务的方法。
- 对于经理来说，重要的是他如何在决策过程中保持开放的态度并考虑其他方面的信息，从而帮助其制定最佳的行动方案。

- 你必须保持正常部门工作和特殊项目工作的平衡，最有效地利用各个员工的时间并使组织受益。
- 在执行任务或项目时，最好能将其分解为较小的子任务，以便更好地划定所需的内容并更好地管理每个部分。
- 完成的力量存在于组织中，它可以对正在进行的工作施加更多的控制。这不仅体现在任务报告中，也会让你实实在在感受到你对资源、任务细节和计划的控制能力，从而更好地组织各项任务。
- 对风险领域进行评估并不难；你只需要花一点时间询问关键人员可能出现问题的地方，以便为此制定计划。
- 为问题制定计划是"管理"流程或项目的一个好方法，因为当你试着考虑潜在风险等一些细节时，你会感觉自己更有控制力。

// 第 2 章

沟通为王

如果我们对中高层管理人员进行调查，了解他们认为最重要的成功因素是什么，有效沟通至少排在前五位。组织不可能在真空中运行，内部或外部沟通是必须有的。如果组织中至少有两人，且该组织必须以某种方式与外部世界联系，沟通就会在他们的成功中发挥重要作用。如果组织内的这个组成部分如此重要，我们就必须像处理其他流程一样理解、开发和实现它。

如果可以将沟通制定成一个流程，我们就必须了解该流程将会带来怎样的可交付成果或结果，然后回过头来制定实现该成果的步骤。关于到底什么是可交付成果，可能会产生一些有趣的讨论。有的人可能会说是有效的沟通，有些人可能会说是高质量的沟通或及时准确的沟通。由于这些都是制定沟通计划的重要目标，因此我们必须理解沟通的内容、对象和原因，并由此定义沟通的成果。

虽然沟通可以存在多种不同形式，例如人与人、人与机器以及机器与机器，但本章重点关注人与人之间的互动。沟通的基本目标是一个人试图将思想、观念、命令或信息传达给另一个人。尽管听起来很简单，但沟通过程中的一些事项可以对沟通的成功与否起到重要作用。

为何进行沟通

组织内的各个层级都需要沟通：任务层的员工之间、经理对员工、管理层对管理层、高层管理者对中底层管理者，以及企业对企业。所有这些群体代表了各种各样的教育和知识背景以及不同的文化、专业和社会层面。这表明在制定沟通流程时必须首先考虑其复杂性。组织可能已经就组织内的相关沟通制定了相应的流程和政策，在改进沟通流程时应对其进行审查。

沟通的另一个组成部分是沟通的整体正式性或非正式性。管理层必须知道何时适用正式沟通，何时可用非正式沟通。正式沟通通常更多用于合约、提议或提案、法律文件，以及其他形式的企业对企业的信息传递。非正式沟通可能更多地以内部备忘录、汇报会和一对一对话等形式来传递信息。在任何一种情况下，始终存在信息的发送者和接收者，并且所有上述考虑因素在设计有效的沟通计划中都将发挥作用。

沟通途径

为了更好地理解沟通，你必须先了解信息在从一个人传递至另一个人的沟通过程中发生了什么。就这一点，人们会说，沟通始于话从一个人嘴里说出来并且让另一个人听到。虽然这是事实，但从根本上说，你必须明白，沟通的过程指的是将信息有效地从一个人传递给另一个人。沟通采用的形式可以是听得见的话语、手势、肢体语言或可以通过视觉、触觉来领会的书面文字等。由于本章主要涉及沟通工具的开发，所以重要的是理解沟通实际是什么，而未深入细节。

沟通的根本目标是在发送者和接收者之间建立联系。这就形成了一个通道，发送者和接收者都将在通道的开发和维护中发挥重要作用。让我们简要地看一下发送和接收信息的一些重要方面。

发送者

发送者需要向另一个人或一群人传递信息。发送者必须对他们要传递的信息有清楚简明的了解。他们遇到的一个常见问题是难以在"传递信息过多"和"传递信息不足"之间取得平衡，任何一种情况都可能让人感到困惑。这会对接收者不利，因为这类信息可能难以破译，并且接收者可能难以得出发送者想要传递的结论。

发送者还必须注意，传递信息的形式可能会影响信息从一个人传送至另一个人。例如，在施工现场，如果重型设备正在运行，两个正在谈话的人就会由于噪声而很难进行口头交流。这可能导致接收者只理解了部分信息，在这种情况下，消息传递不成功。发送者为了向接收者传递所有意图传递的消息，有责任选择一种有效的沟通方式。

发送者可以选择一对一的对话方式，更好地表达信息，并在发送者和接收者之间为进一步验证所传送的信息中的事实进行讨论。如果有重要的详细信息需要传递，发送者可能会选择书面形式，以最大限度地阐明该消息。由于距离或时区差异的原因，发送者也可能会选择书面形式，而电子邮件可能是及时准确传递信息的最好方法之一。发送者有责任选择最佳的沟通形式，完整、准确地传递信息或消息。

接收者

接收者是信息传输中的另一半，他与发送者同等重要。接收者也有责任对他所收到的信息进行验证并确保他理解了对方发出的信息。如果接收者正在与发送者进行口头对话，那么他必须与发送者建立并保持联系以确保他能收到发送者传递的任何信息。多数情况下，接收者都将以肢体语言或确认函等形式确认他已理解了对方发送的信息。如果接收者在谈话中感到紧张、分心或无甚兴趣，他的肢体语言就可能传递出他未全神贯注的信息。这也可以体现出"倾听"和"听"的区别。

倾听与听

接收者可能有两种接收信息的形式："听"和"倾听"。"听"指的是人耳接收听得见的声音的生理能力。尽管发送者的声音通过空气传播并进入接收者的耳朵，但这不意味着已经存在沟通。"听"仅仅是声波撞击耳膜。而"倾听"是信息传递中的第二个组成部分，它意味着接收者必须把那些声波解码为实际的消息。接收者必须明白，"倾听"将决定信息是否得到传递。倾听意味着接收者将发送者希望他理解的信息解码成消息。发送者如何才能知道接收者是否理解了该消息？这就要由所谓的反馈系统来告诉我们了。

反馈

反馈指的是接收者发出某种信号，表明他是否收到并理解了所有的信息。在个人之间的对话中，或对团队内的个人而言，反馈至关重要。提供反馈可以让发送者知道接收者是否真的"倾听"了他们的消息，而不是左耳进右耳出。反馈可以是肢体语言、手部动作或面部表情。在反馈中，接收者发出消息以表明他们是否理解了该信息。它可能以问题的形式出现，表明接收者理解了部分信息，但需要更多说明以理解完整信息。反馈还可以与其他沟通形式相关联，例如电子邮件、电话和视频会议。在这些沟通中，发送者应观察反馈的迹象以确保沟通有效且他们的消息已被接收和理解。发送者和接收者之间的这种联系非常重要，因为它是在组织内有效传递信息的基础。

沟通的应用

一对一

经理们有时会发现，自己应该进行一对一的沟通。通常其形式表现为经理对员工进行绩效评估、纪律处分或者个人层面的培训或指导。

强力工具

经理作为发送者，必须在设计对话时有一个明确的目标，并在合适的地方展开对话，以有效地传达信息而不会分散注意力。对经理而言，也必须注意来自个人的反馈或寻求他们的回应，以确定相关人员是否已经收到并理解了该信息。

一对一的沟通可能产生多个结果。可以是经理通过简单的对话传达信息，而个人在理解该信息时未做出或几乎没有做出任何反应。对话可能导致来回讨论、阐明信息或产生将对话引至其他方向的新观点。如果接收者不喜欢该信息并反馈对该信息不满意，则还可能导致争论。无论如何，一对一的讨论都可以获得最清晰的沟通途径、最明确的反馈意见和讨论机会。

一人对多人

这种沟通形式要求一个人在特定环境下向多个人传递信息。对某些人而言，这可能比一对一容易一些；而在另一些情况下，则可能让人觉得更为困难，因为它需要发送者具有相关技能和经验。当经理向其所在部门人员发布一般信息时，或当高管人员向整个组织发布信息时，普遍采用这种沟通形式。在教育机构中可能会有教学人员采用这种沟通形式来教授学生。在某些情况下，组织中可能会有某位经理就特定的流程对员工进行培训。

尽管这与一对一略有不同，但仍然是一种与团队内每个人建立联结的途径。信息仍然必须传达给每个人，因此仍然需要进行解码和理解，并建立相同的反馈机制，以便于了解相关人员是否已经收到并理解了该信息。在团队中，接收者可能不会通过口头语言提供相关问题的反馈，而可能通过肢体语言表明他们是否已知悉。

> **强力工具**
>
> 发送者必须注意肢体语言，因为这可能是对方是否接收并理解信息的唯一表现。对发送者来说，通过询问来确认接收者是否理解了相关信息也不失为一个好办法。

一地对多地

当今时代，组织正在将业务扩展至全国乃至世界各地。这增加了沟通的复杂度，但经理们仍应该为各地的业务制定沟通计划。有趣的是，即使分散在世界各地，仍存在沟通的途径，包括发送者、信息传播的形式或路径、接收者以及反馈系统。只要沟通流程是由这些部分组成的，就可以不论运营的复杂度，在任何层面、任何地点完成沟通。

> **注意**
>
> 当在多地展开沟通时，经理需要了解，发送者和发送的信息未发生改变，接收者和倾听功能也未发生改变。唯一发生改变的是信息传递的途径或形式。

这对于在多地沟通中准确完整地发送和接收信息至关重要。这些途径可以电子邮件、多方通话或电话会议等形式呈现。与个人或团队的情况一样，发送者应尝试设计一种可以清晰发送的消息，并取得反馈以确认该消息已被接收和理解。

当了解到沟通的组成部分都一样，只是根据情景简单地采用不同的传输形式时，经理们就可以将沟通视为一个可根据需要开发和改进的流程。

> **强力工具**
>
> 当经理们将许多运营领域简单地看作需要开发和改进的流程时，他们就拥有了自信处理运营关键领域的工具。

会议沟通

我们经常会发现经理使用一人对多人或会议的形式进行沟通。举行会议是为了传递信息，并且这些会议的结构和举行方式将会影响信息传递的成功与否。如你所见，传递信息时会建立一个沟通的渠道，但在团队中还需考虑其他动态因素，这使得潜在的困难加倍。

根据会议目的，不同类型的工作人员可能会提出其他需要考虑的问题。这些问题可能只涉及一些无甚缘由的个性冲突、不同的议程或各个管理层。对经理而言，重要的是了解举行会议的原因、他们要达成的目标以及需要参会的人员。在举行会议时，经理可以在会前、会中和会后做一些工作，以确保参会人员都收到并理解会议所传达的信息。

会前准备

确认有必要举行会议

确定参会人员

制定议程

会议后勤工作，如电话或计算机连接

会议期间

准时开始会议

指定会议记录员

促成会议，安排议程

总结会议成果

总结后续行动

会后

分发会议记录和后续行动表

为后续会议制定计划

经理还必须明白，每次开会时，员工都会暂停他们的正常工作来参加会议，并且这些会议将花费组织的时间和金钱。召集会议的人应对此负责，确保每个参会者都是必须参加的。根据讨论的主题和分享的信息，准确确定有获取该信息需求的参会者也很重要。这就是为什么有些会议比其他会议更好,以及为什么一些员工应该参会而另一些不需要。经理还应考虑召集的会议类型、为什么要召集会议以及每类会议应有哪些参会者。

以下是组织内召开的各种类型会议的一些示例:

- 部门或员工会议
- 项目启动会
- 汇报审查会
- 对策讨论会
- 设计审查会
- 客户、供应商或厂商会议

所有这些类型的会议都有一些共同点:它们有信息的发送者、沟通途径、接收者和反馈。负责召开这些会议的经理将通过这些沟通组成部分来考虑参会人数、会议地点以及参会个人的动态。沟通流程仍然是一样的——只是采用了不同形式。

强力工具

将沟通视为流程的经理,可以设计出任何层级或任何情景下所需的沟通。

当经理理解沟通是一个流程时,他可以制定出一个沟通计划,在需要进行沟通时将其作为核对清单。

沟通管理计划

沟通管理计划是一个项目管理工具，它决定了项目经理应该在项目中进行哪些方面的沟通。经理们也可以在运营中使用它来安排会议并建立沟通协议。为帮助改善沟通流程，经理们必须了解组织环境的更多细节和特征。沟通管理计划是一个简单的矩阵，它列出了四个基本的沟通领域：谁、何种信息、何时需要、如何传递。

1. 谁——在召集会议时，谁需要参加会议对会议的成功与否至关重要。当在会议中发布信息时，无论是由经理宣布还是由他人提供，经理都必须了解谁真正需要这些信息。如上所述，所有被邀请参加会议的人员都暂时从他们的主要职责中脱身。虽然这些人可能需要会议中的信息，但他们仍需尽快回到他们的主要工作岗位。

经理们应审慎地考虑某些管理层及高层管理人员是否需要参会，因为低层会议往往涉及很多细节，可能并不需要他们参与。其他汇报会可根据情况将运营中的很大一部分内容向更高层的管理者报告。同样，会议中可能需要员工个人就他们的工作细节或任务状况进行报告，但他们可能无须参与那些涉及更高层级信息或敏感信息的会议。重要的是，经理们应该只邀请必要的人员参与特定会议，参会者要么能够提供信息，要么需要接收信息。

2. 何种信息——信息是组织内的一个强大的工具，经理们必须对组织内各层级发布的信息类型负责。高层管理者通常不愿参加低层级报告会或汇报会并听取这类会议中的所有讨论和细节。同样，低层级的员工也不应参与高层管理会议，在这类会议上他们可能获得高层所需的敏感信息和决策。因此，设计会议时应围绕特定的信息进行，这些信息将传递给那些需要在他们的工作中使用该信息的个人。

信息可以以多种形式呈现，从口头语言到PPT演示再到详细的图纸。会议的关键是准确完整地传递信息，因此信息必须以适当的形式尽可能清晰地呈现。在使用图形和图表时，请确保接收者能理解信息的类型和内容。在这种情况下，信息容易被误解，发送者必须确保这种呈现方式不会出现问题。在设计这些会议时，参会者应与其要讨论的信息相匹配，而这些参会者都应听取该信息。

3. 何时需要——在经理确定了所需的会议类型、应邀参会的人员名单以及将发布和讨论的信息内容后，下一步的重点就是确定会议是否需要持续进行。一些会议只在单一的环境中发布信息，有些会议则需要定期举行或持续存在。如前所述，因为参会的人员都将暂时放下他们的日常工作，所以应该仅在需要时召开会议。会议确实会花费组织的时间和金钱，过多的会议只会造成浪费。经理应该对必要的会议召开频率进行评估，确保信息及时传递，而无须过于频繁地举行会议。

4. 如何传递——沟通管理计划中的最后一个组成部分是确定

如何传递信息。对需要传递的每一种类型的信息，经理都应根据传递的对象和接收者所在的位置来确定合适的沟通途径。由于信息可以以多种形式呈现，经理们必须明白，沟通类型应该与需要传递的信息类型相匹配。例如，一个有关变更或状态的简短陈述可以通过电子邮件发送，而待决策的变更事项则可能需要一次会议来展开讨论。接收者只有亲眼看到了图纸，才能更好地理解图纸上的细节，而不是通过电子邮件中的段落或电话中的讨论来获取信息。对经理而言，沟通的形式非常重要，它可以决定传递信息的方式，从而决定该信息的内容是否能被成功地理解。

一些经理和高层管理者都更喜欢使用电子邮件和电话会议，他们偏爱这种沟通方式。有些人则更喜欢参加讨论会，并希望在会议结束后收到一封电子邮件摘要。经理们需要知道其他人更喜欢以何种方式接收信息，因为这也可能决定了接收者在尝试理解信息时的舒适度，或者他们可能非常忙碌以至于无法参加每个会议。

在项目管理中，用于对信息发布时的"谁""何种信息""何时需要""如何传递"等细节进行合并的一种简单的工具被称为沟通矩阵。这是经理们可开发的另一个工具。它将前述各项列在前四列中，并将经理在部门和组织内的所有沟通对象列入行中。表2.1和表2.2提供了如何在运营管理中使用沟通矩阵的示例，并分别按会议或人员类型列出。

表 2.1 沟通矩阵示例——按会议类型

会议类型	所有者	频率	接收者	传递中介	可交付成果
部门沟通	运营经理	每两月	部门所有员工	面对面	公告
部门主管进度更新	运营经理	每周	部门主管	面对面/电子邮件	话题讨论
管理汇报会	运营副总裁	每周	运营经理	面对面/电子邮件	会议记录
			设施、客户经理	面对面/电子邮件	会议记录
			工程经理	电话会议/电子邮件	
文件审查	文档控制经理	每月	运营经理	面对面/电子邮件	会议记录
			工程经理	面对面/电子邮件	审查文件
安全委员会	委员会主席	每月	运营经理	面对面/电子邮件	会议记录
			设施经理	面对面/电子邮件	行动清单
			工程经理	电话会议/电子邮件	
特殊项目状态审查	项目经理	按需	运营经理	面对面/电子邮件	会议记录
			工程经理	电话会议/电子邮件	行动清单
			项目物流	电话会议/电子邮件	

表 2.2　沟通矩阵示例——按人员类型

人员类型	参与的会议	频率	首选信息传递方式	函件
分管副总裁	管理汇报会	每周	面对面/电子邮件	会议记录
设施经理	管理汇报会	每周	面对面/电子邮件	会议记录
	安全委员会	每月	面对面/电子邮件	会议记录/行动清单
工程经理	管理汇报会	每周	电话会议/电子邮件	会议记录
	文件审查	每月	面对面/电子邮件	会议记录/审查文件
	安全委员会	每月	电话会议/电子邮件	会议记录/行动清单
	项目状态审查	按需	电话会议/电子邮件	会议记录/行动清单
项目经理	项目状态审查	按需	面对面/电子邮件	会议记录/行动清单
人事/财务经理	管理汇报会	每周	面对面/电子邮件	会议记录
部门主管	部门沟通	每两月	面对面	公告/主题讨论
	部门主管进度更新	每周	面对面/电子邮件	会议记录/行动清单

这个工具非常有用，因为经理们可以快速查看哪些人应该参加哪种类型的会议、会议的安排频率以及他们的首选沟通方式。对经理而言，与每个人讨论他们的首选沟通方式也很重要，因为这将有助于实现沟通。一些参加会议的人可能需要有关会议记录和行动任务的后续电子邮件。其他未参加会议的人可能也需要一份包含会议记录的电子邮件，因为这可能涉及他们的任务时限和其他职责。有些人可能位于其他地方或分布于世界各地，他们可能会要求召开电

话会议或视频会议以及通过电子邮件沟通。经理有责任决定这些人的参会方式以及他们的首选沟通方式，以确保沟通的成功。

当经理制定沟通管理计划并将沟通途径理解为一个流程时，它就为经理更好地改进信息在组织内的传送方式提供了有力的工具。关于沟通的简单知识以及对沟通矩阵之类工具的开发利用，能够帮助经理以员工偏好的方式传递信息。当接收者在他们需要的时候以自己偏好的方式接收信息，并且这些信息中没有冗余的部分，就会大大增加运营中使用和处理信息的成功率。

强力工具

经理在完成任务时拥有更多的力量且控制了信息分配，就能使经理更有信心并改善组织内的沟通结构。

强力工具汇总

- 经理作为发送者，必须在设计对话时有一个明确的目标，并在合适的地方展开对话，以有效地传达信息而不会分散注意力。对经理而言，也必须注意来自个人的反馈或寻求他们的回应，以确定相关人员是否已经收到并理解了该信息。

- 发送者必须注意肢体语言，因为这可能是对方是否接收并理解信息的唯一表现。对发送者来说，通过询问来确认接收者是否理解了相关信息也不失为一个好办法。

- 当经理们将许多运营领域简单地看作是需要开发和改进的流程时,他们就拥有了自信处理运营关键领域的工具。
- 将沟通视为流程的经理,可以设计出任何层级中或任何情景下所需的沟通。
- 经理在完成任务时拥有更多的力量且控制了信息分配,就能使经理更有信心并改善组织内的沟通结构。

// 第 3 章

确定流程

什么是流程？

在一个不断变化的世界中，有一件事是不变的：组织的建立是为了提供产品、服务或取得期望的结果。组织有多种形式，例如产品的服务、分销、设计和制造，以及咨询机构、非营利组织或政府组织等。无论如何，资源都在起作用。在组织逐渐成熟的过程中，它制定了一个系统性的任务流程，以实现期望的结果。每个任务都成为工作中的特定要素或一组工作要素，只有任务完成时工作才能完成。这些工作要素的系统性组织就是流程。流程是组织中最重要的组成部分之一，因为人们通常使用它来定义组织执行任务的方式。

强力工具

组织中应该随处都有定义好的流程，这些流程应被记录下来，并告诉人们一系列任务是如何安排的，以及这些任务的执行顺序，以完成该流程。

我们可投入大量的时间和精力制定良好的流程，但如果没有记录在案以及有效的沟通，完成任务的质量和准确性将存在问题。组织中出现的问题，如质量差、物料受损、返工、执行效率低于预期以及无法按时交货等，都可以归结到三个基本领域中：

1. 未对流程进行记录；

2. 流程被错误记录；

3. 记录流程但未正确执行流程。

流程缺乏记录会产生一系列问题，它使得人们无法正确理解应该如何完成工作。这可能会使"部落知识"大行其道，或通过口头语言传递任务信息，增加了信息不完整或不准确以及任务执行效果差的风险。缺乏监督可能会使流程未能被正确执行的原因成谜。许多情况下，经理们为了流程煞费苦心，却无法理解为何工作不能按照预期进行，他们不知道问题出在哪里以及如何解决。正如你将在本章所见，流程非常重要，处理好这一基本领域将成为经理们的强大工具。

为何关注流程？

流程定义了组织中的任务是如何完成的，以及它们应由一个人还是不同地点的上百人来完成。相关人员需要正确且一致地完成流程。当然，组织有流程；但是这些流程是否设计得当、记录在案并得到沟通交流，将决定组织的运行效率并转化为组织的损益。在一些组织中，可通过部门管理的方式来评估绩效，这些部门包括制造、库存控制和装运等。但在另一些组织中，绩效可在产品组合、销售和营销等领域根据不同标准进行定义。正因如此，组织可能会失去底线，并苦苦挣扎于提高它们的盈利能力，以应对履约和交付领域的竞争，却不清楚它们止步不前的原因。

组织中的任何层级，无论任务大小，都可能出现流程未被正确执行的情形。但它们往往因被视为"我们一直这样做"而不易被察觉。这里就出现了第一个迹象，如果组织未对流程进行监督或不了解其低效流程，我们就可以看出其内在的系统性问题。可悲的是，在很多情况下，我们归责于错误的领域，而问题并没有得到妥善解决或者根本未得到处理。这就是在确定流程时需要注意的地方，因为我们必须对流程内的细节进行正确评估以确定出错的地方。经理们应当查看流程中的六个常规领域，这些领域或可指出问题所在：

1. **制定流程**——如何设计流程？

2. **记录流程**——何种形式能够反映出流程的完成方式？

3. **为流程配备人员**——是否选用了正确的人员来执行流程任务？

4. **监督和测量流程**——实际上是如何执行该流程的？

5. **改变流程**——流程是否需要进行改进或变更？

6. **寻找其他方法**——是否有其他方法可以更有效地完成任务？

如你所见，有些事项可能会使流程的执行情况不那么乐观。

> **强力工具**
>
> 经理需要知道应该如何客观判断什么是错的，以便有效地纠正问题。在组织中进行这类评估和可能的调整，将使经理和组织均达到更高的绩效水平。

流程制定

在将组织分解为财务、人力资源、工程、销售和营销、采购、制造、库存以及收发货等各个职能领域后，每个领域都有需要执行的任务，但是该由谁来决定如何完成这些任务呢？

> **警告**
>
> 这是第一个可能出现问题的领域——由谁制定这些步骤将会细化部门内完成这些任务的方式。根据组织的规模和任务的复杂程度，经理们需要了解如何为其部门制定流程。

在大型组织中，流程开发团队可能已完成复杂的分析和测试，并制定了合理有效的流程，因此，其他流程可能会由承担该任务的人员自行开发，他们只需要进行少量分析或根本无须进行分析。但无论如何经理们都应该对该任务进行规划，并研究如何以特定方式完成任务以及这样做的原因。

> **警告**
>
> 第二个可能出现问题的领域是过于热心的经理,他们不知道为什么需要以特定方式执行该流程的细节,却觉得有必要对此做出改变。这与未合理开发的流程一样具有破坏性。但是,并非所有流程都需要改变,即使它们都是旧的流程。

我们所研究的是为何必须制定流程以及制定流程的最好方法。流程开发始于经理们对部门内需要完成的工作以及正确执行整个工作流程的方式的了解。以下步骤是对如何制定流程的概述:

1. 确定需求——这通常从一些关于流程需求的基本问题开始。为何必须完成拟议的任务?这是一次性的任务还是需要反复执行的任务?是否由正确的部门来完成该任务?它的执行者是人力资源还是机械资源或者两者兼而有之?概述流程的范围,包括所有在该流程之中的任务和资源。向更高管理层提交该流程的议案进行审批。

2. 选择最具资质且能够正确开发该流程的人员——若要拥有良好的流程,就要首先选用合适的人员来开发该流程。这可能是流程中出现问题的初始原因,而且对于开发新流程非常重要。说得更直白些,有些人拥有关于任务的重要信息(相关领域专家),而有些人能为将要完成的工作制定最好的方法(流程开发人员)。两者都是必需的,他们可能是也可能不是同一个人。重要的是获取有关该任务最准确的信息以及熟悉该流程开发的人员。流程开发人员获取有关任务的信息并开发出最佳工作顺序,以创建一个可以对该流程进行定义的高效任务流。

3. 观察开展流程的环境——必须注意新流程对现有环境产生的影响以及环境中是否会出现对开发新流程不利的因素。虽然可以在不同地点开发流程并对每个步骤下定义，但开展该流程的地点和环境也很重要，必须确保该地点和环境不会改变该流程，且流程中的任何事物都不会对周围地区产生影响。

4. 执行流程——如果这是一个新流程，则需要列出提纲并对其中的各个步骤进行测试。如果这是一个已有流程，则相关领域的专家和流程开发人员应对每个任务及任务的顺序进行观察和评估。

5. 测试流程——经过观察且完成流程设计的书面工作后，就到了对任务序列进行测试的时候了。无论是新流程还是现有流程都包含这一步骤，因为可能需要对存在变更之处进行测试。这时，你就可以看出该流程是否有可能实现预期结果。

6. 做出调整和微调——现在，该流程通过测试已经得到验证，是时候改进流程以使其更高效且具有成本效益。寻找简化任务序列的方法，使其尽可能高效。

7. 对流程的最终修订版进行测试——在完成所有改进后，对流程的最终修订版进行测试，验证其序列、速度、准确性、质量和期望结果，以确定该流程是否最佳。尝试在实际环境中测试最终版本，以确保你已考虑所有可能影响该流程的因素。

8. 记录流程——现在，流程已经过验证和测试，下一个重要步骤就是记录流程。它将记录最终版本中的任务序列，以及任何可以帮助那些对该流程不熟悉的人执行该流程的细节和指令。记录流程最好由具有编写流程文档经验的人员完成，因为某些特定的格式和协议有助于促进书面流程的有效沟通。当各步骤都已被记录后，必须对文档进行测试。我们将在下一节中对记录流程做更详细的介绍。

9. 沟通和培训——下一个重要步骤是通过使用文档和培训来传达流程。这是对文档进行测试的过程，可以了解文档的完整性、准确性和易读性。在培训时，应使用清晰的书面文档，让文档告诉受训人员相关的内容，只有在信息不清晰的必要情况下，才需要介入。在此期间，过多的信息可能会使受训者不堪重负、精疲力竭。在大多数情况下，最好是通过一次遍历文档来"展示"如何完成该流程，而后让受训者在文档的指引下"执行"该流程，以便切身感受其完成过程。让受训者在没有帮助的情况下多次执行该流程，以确保他可以遵循"记录的方式"并理解每一个步骤。重复培训可以强化记忆，也可以使受训者在实际开始执行该流程之前提出更深层的问题并对此进行解答。对培训师而言，重要的是让受训者在开始执行任务之前清楚地认识该流程及其设计目的，这样可以防止坏习惯的产生，也可以确保流程得以高效执行。

10. 监督和测量流程的执行情况——当流程准备就绪且投入运行后，必须进行一定程度的监督来测量流程的运行情况。这可以通过两种方式完成：测量序列中的每个任务，或仅测量该流程的结果。在流程的开发阶段，可以通过测量来验证流程，而后可以再次使用该方法来验证流程的执行情况。这就是控制流程的方式；必须根据目标进行监督和测量。可测量的内容有速度、质量或准确性、数量和成本等。

11. 在需要时对流程进行改进——如果测量表明该流程偏离了基线或标准，则必须对其进行调整。流程可分为两类：控制中的——流程以峰值效率按照预期执行，和控制外的——测量表明出现了过多的偏差，导致其无法达到预期结果。在后一种情况下，我们需要做出调整以使流程重新回到控制范围内。在做出调整时必须小心，因为不正确的调整非但无益，反而可能造成更多损害。请记住，该流程经设计和验证后可达到峰值效率，因此可能只是流程中的某个小步骤发生了错误。我们应始终从观察流程中的每个步骤开始，并将这些步骤与相关的文档进行比较，以确保流程仍然得以正确执行。在大多数情况下，仅是一个步骤未被遵照执行，所以只需要在培训中进行简单的更正即可。在其他情况下，则可能发生了某些变化，这可能是重新引入相关领域专家和流程开发者的好时机，他们可以指出问题所在并给出必要的调整建议。无论何种情况，都需验证该流程是否已经回到控制范围内以及它是否正在根据文件按照预期执行，并继续对其执行情况进行监督和测量。

在流程的完整性中，一个重要的注意事项是，我们常常倾向于就运营中出现的问题责怪相关人员。但其实人们只是在做自己的工作，并且在多数情况下只是遵循流程来完成工作，这就是问题所在。如果人们遵循流程，但该流程并不是个好流程，那就无法达成目标。

> **强力工具**
>
> 在对流程进行故障排除时,首先关注的不应是人的问题,而是流程本身的问题。

有可能由于缺乏培训或缺乏既定的流程,人们只好自己决定如何执行任务。经理们必须以开放的心态审视流程问题并进行改进,对流程设计、文档及员工正确执行流程的能力进行评估。

在某些情况下,人们会根据部落知识来执行任务,或花费较长时间越过层层等级来传递信息。这可能会带来问题,因为这些信息没有得到记录和分析,只是随着时间推移而传递下来。传达这些信息的人员以及他们在沟通和培训方面的技能将决定传递信息的质量。

一些人非常擅长阐述流程的细节,并可以很好地培训人员。其他人则可能是特定流程的专家,但不一定擅长培训或传达流程的步骤。若培训师假定受训者已经知道某信息,则可能造成混淆、误解或遗漏步骤。这会将流程控制引向两个方向:第一个涉及记录流程的过程本身,第二个涉及如何在组织内就流程进行沟通和培训。

文档

在组织内,文档至关重要。组织要想取得成功,就必须认真考虑这一问题。与流程相关的文档很重要,因为它定义了工作的预期完成方式。如何在培训中开发、记录和使用文档也很重要。如你所见，对流程步骤的误解，或者未开发或未正确开发流程，都可能导致问题，并进一步加深问题的层次。解决问题的第一步就是查看文档。在某些情况下，这可能还解释了为什么流程会存在这些重大问题。流程本身可能导致糟糕的培训或流程步骤及序列的不一致，但更多可能是由于缺乏正确的流程文档。文档是在组织中执行各流程的基础，必须正确编写文档才能使组织以最高效率运行。

编写流程文档涉及两种类型的资源：相关领域的专家（具备流程步骤的知识）和流程开发人员（熟悉流程开发和文档编写）。

> **警告**
>
> 由相关领域专家编写的文档可能会省略流程的部分内容，因为编写者可能会假设读者具有一定的知识水平。文档编写者需要假设读者从未执行过类似的流程，因此必须对每一个步骤都做出详细说明。

下一步是选择一位完全不了解该流程的人，在不提供任何帮助的情况下，让他仅使用你提供的文档来执行该流程。如果此人能够在没有帮助的情况下（包括口头提示）使用文档正确执行该流程的步骤，则说明该流程已得到详细记录。详细记录流程的目的是在需要时有效地传达流程的详细信息。

对于已经记录在案的流程，需要进行查看和阅读，以确保其具有逻辑意义。这项工作应由两个人完成：相关领域专家（对该流程非常熟悉）和设计该流程的流程开发人员。在阅读完整个流程后，他们应拿着文档来到组织中执行该流程的区域，让一人或多人遍历该流程以查看其是否与文档相匹配。他们可能会发现，流程得到了良好的记录，但是员工在执行流程时却与文档的描述不一致。在某些情况下，负责执行流程步骤的资源事实上正确执行了该流程，但实际流程的改进流程随时间推移发生了变化，可是这种变化根本未被记录在案。在其他情况下，流程文档可能做了些修改，却未与执行该流程的人员进行沟通。无论何种情况，如果未正确记录流程以便将其传达给不熟悉该流程的其他人，很容易导致流程失败。

经理们有时需要考虑部门外的管理者对其工作的看法。这些管理者可能知道几年前定义的流程，但不了解流程的当前变化，因此可能对现有的工作产生疑问。这通常是由于文档变更控制不佳或不完整导致的——比如在进行变更时缺乏沟通或根本未进行沟通。流程中的许多问题可能与流程控制、文档控制以及文档变更或更新系统有关。流程开发中投入的大量工作可能引致文档中出现同样多的问题。

为流程配备人员

现在，你已经对流程步骤进行了评估；正确记录、审查和测试了改进后的流程；并确信你所拥有的是一切可能里最好的设计，那么你就不得不考虑用于执行这些流程的资源。虽然你已经有了一个很棒的流程，但如果没有正确的人员来执行该流程，即使是最佳流程也会无效。并不是所有人都能有效地完成每个流程。你必须考虑为某个流程选定的人员所应具备的技能，并且这些技能符合高效完成该流程的要求。

> **强力工具**
>
> 选用在某方面具有特长或受过相关教育的人员来完成工作，可以使组织最高效地利用资源并提高工作满意度。

经理们需要监督他们的员工、了解他们的需求以及他们是否能完成指定的任务，因为这对于流程能否取得成功至关重要。经理们应该能够判断某人员是否表现不佳，并与该人员会面以确定该问题是否与工作相关，以及可以采取哪些步骤来解决该问题。可能是人员尚未就该流程接受完整的培训，或者尚不拥有执行该流程所需的全部工具和工作环境。也可能是人员根本没有执行该流程所需的所有技能，因此需更换人员。

经理们还应该查看其部门中正在执行的所有流程以及他们为每个流程分配的人员。可能有的人员具有多个领域的技能并可以执行多项流程，而另一些人员可能只能很好地完成某项特定流程。经理们通常希望他们部门的员工具备尽可能多的技能，以便灵活调配资源，但情况往往并非如此；经理们必须亲自为某些流程挑选一些资源。技能是调配资源时需要考虑的一个方面，而资源数量也会在资源配置中发挥重要作用。

在进行流程设计时,需要考虑的因素之一就是确保执行该流程的人员数量合理,既不会由于缺乏资源而负担过重,也不会因资源过多而自鸣得意,后者可能会导致失败和错误。在大多数情况下,流程的容量模型可以表明该部门中平衡各流程所需的资源负载量。这将决定某个流程与部门中正在执行的其他流程相比所花费的时间,从而进行资源调度,以在给定的时间范围内完成所有工作。由于经理们拥有的资源数量有限却需要完成一定的工作,因此需要对资源进行安排,使其涵盖所有所需的工作,同时又避免过度分配。

> **强力工具**
>
> 这种调度的困难之处很大一部分在于确保让正确的员工来完成他们经过培训且擅长的流程。第 5 章将对调度技术进行更详细的介绍。

对员工就相关流程进行培训

拥有尽可能高效的流程,并拥有具备相关技能、能够执行该流程的员工,是两个关键步骤。第三步是正确地培训员工。如果不进行培训,员工在开始某个流程时就只能自行解读文件,只得到很少或根本没有得到任何指导。这就需要有人将正确序列中的正确步骤传达出来，并让员工执行该流程以确保完全理解他们所做的工作。这要求有人不仅具有执行该流程的能力，还擅长培训。经理们必须考虑让谁来承担在组织内培训员工的任务，因为他们的技能和培训员工的能力都至关重要。某人是相关流程的专家，并不意味着他就是对这一流程展开培训的最佳人选。在某些情况下他可能是，但这因人而异，并且还将取决于他如何将该任务步骤有效地传达给从未执行过该任务的人。

在选择了培训师后，你还要考虑培训环境以及每次能培训多少员工。在培训完成后，对培训进行测试时还将涉及前面讨论的测量系统。与流程改进一样，新员工将首次执行这些任务，并且需要评估他们执行这些任务是否有效。在对执行情况进行测量时，可以与该流程的基线或预期进行比较。

必须对新员工的流程执行情况进行正确的评估，因为他们无法像更有经验的人那样快速有效地执行任务。应当给予他们相应的时间来适应该流程，随着他们逐渐建立信心，他们的执行情况会得到改善。如果给一个处于学习阶段的人过早地施加太大的压力，可能会导致失败。安排合理的时间让员工学习某流程，并在沟通时将预期成果作为将来的目标。

强力工具

在实现高质量的培训并有效地完成流程后，这就是一种完成的形式，能够为部门和经理提供力量。

监督和测量流程

当管理层想要评估流程的有效性或效率时，需要采用某种方式来测量该流程。根据不同流程，可以采用的测量方法有很多，例如范围、质量、数量和一般效率等。当你考虑对流程进行测量时，必须有一个已经就位的监督系统用于收集信息。在监督和测量过程中，需要考虑以下步骤：

1. 回顾该流程的原始意图（范围、质量、数量）。
2. 回顾流程设计阶段的测试结果。
3. 根据流程设计中的数据，形成标准或基线。
4. 收集现有流程的数据以记录其执行情况。
5. 将当前数据与基线进行比较并确定其差异。
6. 在帕累托图中按照从最高到最低的优先级来考虑其差异。
7. 制定计划以解决流程中的各个问题。
8. 对所有变更进行测量以验证执行情况。
9. 更新文档并重新培训员工。

在对监督和测量的一般理解中，经理实际开发的是一个控制过程。如果流程在运行中未经检查或未受监督，就无法对流程效率甚至其成败进行量化。测量和收集流程数据的过程被称为统计过程控制（statistical process control，SPC）。经理们可使用一些工具来收集和分析数据，以了解流程的一般情况以及实际发生的问题或效率低下的情形。以下是几种 SPC 类型的工具，在书中或互

联网上均可找到相应的介绍:

- 检查表
- X-Bar R 图
- 帕累托图
- 直方图
- 散点图

收集信息的一个简单工具是检查表。可以通过以下几种方式创建检查表:

1.列出流程的步骤,然后记录每次完成该步骤时得到的数据,如时间、数量或是否用到了某些项目。

2.记录每个流程步骤中出现的问题,如通过或失败、已发现的质量问题等等。

表 3.1 和表 3.2 展示了如何通过检查表来记录数据。

表 3.1 用以记录流程步骤问题的检查表

流程名称:		日期:		员工姓名:
流程步骤	计划用时	实际用时	通过/失败	是否需要返工
1a	30 分钟	26 分钟	通过	
1b	90 分钟	91 分钟	通过	
1c	45 分钟	57 分钟	失败	需要返工
2a	120 分钟	122 分钟	通过	
2b	90 分钟	90 分钟	通过	
3a	40 分钟	67 分钟	失败	需要返工

续表

流程名称：		日期：	员工姓名：
流程步骤	计划用时	实际用时	通过/失败	是否需要返工
3b	25 分钟	22 分钟	通过	
3c	60 分钟	66 分钟	通过	
3d	35 分钟	35 分钟	通过	
4a	30 分钟	52 分钟	失败	需要返工
4b	15 分钟	16 分钟	通过	
4c	45 分钟	44 分钟	通过	

表3.2 用以记录特定项目问题的检查表

流程名称：1a	日期：	员工姓名：	
序列号	时长	通过/失败	是否需要返工
BN22314	67 分钟	通过	
BN22315	66 分钟	通过	
BN22316	67 分钟	通过	
BN22317	92 分钟	失败	需要返工
BN22318	65 分钟	通过	
BN22319	66 分钟	通过	
BN22320	66 分钟	通过	
BN22321	21 分钟	失败	需要返工
BN22322	65 分钟	通过	
BN22323	66 分钟	通过	
BN22324	27 分钟	失败	需要返工
BN22325	65 分钟	通过	

简单的指示符，只要能够显示或证明某流程步骤是如何执行的，就可以记录实际完成该流程的方法，并揭示每个步骤中发生的

任何一点小问题。使用检查表可以帮助你收集你想要的任何数量或类型的信息。在整个流程中使用检查表，就可以按天或按周收集信息，并将其输入电子表格中以显示该流程的实际结果。当你能够收集数据时，你就会看到执行该流程步骤的方法，它们的有效性和效率都变得唾手可得。在某些情况下，可能有多人同时执行或轮班执行该流程。如果流程会随着人员、班次或时辰变化，则如你所见，这也将是有价值的信息。这些可以查看和分析的信息，可以帮你确定是否需要对流程进行改进。

在收集到流程运行方式的信息后，就需要对数据进行分析以评估该流程。需要将实时流程数据与标准或原始设计准则进行比较，以确定实际运行中是否存在与原始设计相悖之处。使用流程的原始设计数据或预期数据称为设定基线。将基线与你收集的实际数据进行比较，就可看出发生问题或偏离预期流程之处。这是一个强大的工具，因为一些时常发生的轻微变化可能预示着出现问题或存在效率低下的情况。

这也是一个很好的机会，可以提醒那些参与该流程的人员，他们在最初设计时打算如何完成该流程。在观察流程时不一定能察觉到细微的变化，但是将流程与基线进行比较时，会发现明显的差异可能导致效率低下。在某些情况下，经理们会将出现的问题和偏差视为不遵循流程的结果，并认为这就是流程失败的原因，但经理们应仔细分析数据，才能确定偏差发生的实际原因。

你可能只是验证一下：流程与基线相比实际上是否得以正确完

成。而在其他情况下，你可能还会验证流程是否未得到正确执行并需要改进。这可能带来更多的培训或对流程步骤的执行方式进行更好的记录和沟通。数据还可能表明，需要对流程周边环境中的某些问题加以解决。在组织内，经理们应对正在执行的流程进行监督，以确保业务能最有效地运行。经理们还应找出任何偏离基线的原因并迅速采取行动解决可能出现的问题。对于数据揭示出的问题，如果听之任之，则可能造成时间、物料、质量和资源可用性的损失。

当经理想要在流程中做出改变时，需要考虑的一个方面是：执行该流程的员工是否愿意做出这样的改变。这很常见，那些以特定方式长期执行该流程的员工通常都是这么想的，他们认为这是执行该流程的唯一方法——或者他们只是不喜欢变化。这种看法也可能来自那些擅自改变流程的人，他们"认为"流程应该按某种方式执行，因此并未遵照记录的文档。无论何种情况，经理都有责任在指定领域内对流程进行监督，确保流程的正确执行并寻找改进流程的方法。

经理们应该注意并倾听那些执行这些流程的资源所提出的意见，因为他们是流程的执行者，对改进流程有着非常好的意见和想法，这可以提高流程的效率。

强力工具

在流程中执行任务的人员有时可能会注意到一些数据中无法体现的细微变化，并可以改进该流程。

即使对流程的更改是细微的，也会累加至组织中的多个流程，从而显著提高效率。在定期对流程的监督和测量中，经理应询问正在执行该流程的人员是否有改进该流程的方法。这使得经理有机会与组织中的员工建立更多联系，并从员工的角度来更好地了解该流程。这还将提高经理的可信度，因为人们会认为他是真的关心正在执行的任务，并希望确保以最有效的方式完成该任务。当员工提出的流程改进意见被付诸实施时，这会让他们对该流程有一种归属感，并感觉他们的参与能使其变得更好。

改变流程

现在，你已经拥有了测量流程并分析流程执行情况的方法，我们还需要一个方法可以根据需要对流程做出变更。在组织内，流程改进尤为重要，因为它可以对现有流程进行更改，使其更有效、质量更好或效率更高。只要确保经理所在领域内所有正在执行的流程都实现了峰值效率，那么经理就可以在组织内的该领域中拥有很大的影响力。他们可以通过数据收集工具和分析来确定这一点，从而确定哪些领域可进行改进。经理们必须扪心自问：是否需要改变该流程、什么要改变以及他们可以从改变中获得什么。

正如你已经看到的那样，流程的改变既可能导致更好的结果，也可能导致更坏的结果。因此，在进行改变时，需要重新测量和重新分析，以确保这种改变能够实现预期的效果。在考虑变更时，需要制定一个变更计划（流程），用来记录和控制所需采取的行动。对变更进行评估时应离线进行，以免中断正常流程。如果无法对变更进行离线测试，则经理须安排一个停机时间对其进行测试。应让那些在流程开发中拥有相应资质的人员来测试更改后的流程，只有他们能正确地领会变更参数、测试条件和相关文档。对变更进行测试时可以通过两种常规方式：

1. 设计和计算——经设计的变更指的是已经有人制定了变更方案并记录了对该变更进行测试和实施的方法。

2. 即时——即时变更指的是在当前流程环境中进行测试，以满足更直接的需求，旨在进行快速变更。

最大的区别在于准备工作以及在付诸实施前进行充分彻底的测试的能力。两种方式都需要首先对变更进行测试，以验证预期效果，也需要对变更进行记录，并且需要为这项新的变更对执行该流程的人员进行培训。

在考虑改变某流程时，人们通常认为会产生预期的结果，但是一旦尝试后，就会产生与预期不同的结果。这可能需要采用一种反复试错的方法，对流程进行小幅度的修改，直到实现预期的结果为止。在你能持续证明通过此流程改进可以实现预期的结果之后，就需要对该变更进行记录。当你决定做出这个变更并记录在案后，就应该与所有参与该流程的人员进行沟通。这通常是流程改进过程中隐藏着潜在问题之处——可能有的人能够做出有效的变更，但是未得到正确记录或未进行适当沟通，会使这一变更不能完全发挥作用。当这一变更已经传达给所有执行该流程的员工后，必须再次测量该流程，以确保该变更仍能产生预期的结果，并且所有正在执行该流程的员工都在朝着这个方向努力。这将确保该变更是可持续的且将产生预期的效果。

是否有更好的方法？

如你所见，在组织中，通常使用流程来完成工作。如何设计、分组和执行这些流程将对组织的成功起着重要作用。经理们应该从两个主要层次来审视流程的组织形式：

1. **高层次**——将整个部门及正在执行的所有流程视为一个整体。确定它们是否都属于该部门并进行正确的分组和组织。

2. **低层次**——通过监督和测量，逐个查看各流程，以确定是否每个流程都在按照设计运行以及是否以最高效率运行。

流程的组织形式与流程设计本身一样重要。经理不仅要对他们拥有什么样的流程进行评估，还必须评估流程所在地以及它们是如何分组和互动的。经理们应该提出以下问题：我们为什么要拥有这些流程？这些流程是否有其他执行方式？我们是否可以将这些流程拆分成更小的组成部分，或简化任务以使它们更简单并减少错误？经理们在监督部门时，需要不断地问自己：整个部门是否在尽可能高效地运行？

有些流程是为其他流程提供支持的，对它们进行评估尤为重要，因为这类接口有时会带来难题。一方面，它是供应商（交付产品），而另一方面，它也是顾客（接受产品）。评估将确定交付的产品是否完整、是否符合质量标准以及是否准时等。让每个流程组都取得成功的唯一方法是，每个流程组在开始时都拥有它们所需的一切，并按照预期交付产品。与测量单个流程一样，这种流程集成也需要进行测量，用于验证它是否按照设计完成。根据标准或基线评估此数据，有助于经理们确定该接口或流程组是否需要进行某些变更。

在部门流程的宏观层面上，重要的是要记住，在实施任何变更之前都需要进行严谨的设计和测试。如果没能正确地做到这一点，就可能导致诸多问题，使这一领域麻烦不断。这一回，经理们需要将他们的思维扩展至更大的范围，包括每个流程应由哪个部门具体执行，或所有流程在流程序列中的位置，以及这种排序是否正确等。可以想见，你甚至会发现不再需要某些流程了，或者可以对流程进行修改以便与其他流程合并。这确实需要你跳出思维定式，考虑为了实现部门期望的结果，有哪些是"真正"需要完成的工作。现在，经理们拥有了一系列工具，可以有效地评估自己的部门并对单个流程或部门的整体组织做出必要的变更。这是组织不断提高盈利能力并在市场中保持竞争优势的众多方式之一。

强力工具汇总

- 组织中应该随处都有定义好的流程，这些流程应被记录下来，并告诉人们一系列任务是如何安排的，以及这些任务的执行顺序，以完成该流程。
- 经理需要知道应该如何客观判断什么是错的，以便有效地纠正问题。在组织中进行这类评估和可能的调整，将使经理和组织都达到更高的绩效水平。
- 在对流程进行故障排除时，首先关注的不应是人的问题，而是流程本身的问题。
- 选用在某方面具有特长或受过相关教育的人员来完成工作，可以使组织最高效地利用资源并提高工作满意度。
- 这种调度的困难之处很大一部分在于确保让正确的员工来完成他们经过培训且擅长的流程。第5章将对调度技术进行更详细的介绍。
- 在实现高质量的培训并有效地完成流程后，这就是一种完成的形式，能够为部门和经理提供力量。
- 在流程中执行任务的人员有时可能会注意到一些数据中无法体现的细微变化，并可以改进该流程。

// 第 4 章

浪费管理

在组织中，什么是浪费？

由于创建了一些异常且错误的需求，组织每年都会耗费数十万美元在那些不是真正需要完成的工作上。那么，这些"异常事物"是怎么出现的？经理们应如何发现它们并减少或消除这些问题呢？在这种情况下，异常事物可能被看作是在规范外完成的工作、变通方法或小事故，人们却往往忽视了这一系统中固有的问题。在异常事物被设计到系统中后，如果未被发现且未被识别、减少或消除，就会转化为浪费。经理们不仅应不断寻找改进流程的方法，以提高他们的部门效率，还应通过识别和消除浪费来完成任务。

在整个组织中，浪费可以有多种多样的形式，从糟糕的时间管理到分配给任务的不正确资源、文档缺失、流程设计不当、供应链问题，以及流程中存在"坏"点且产生浪费的其他领域。本章中，我们将研究运营中的一些特定领域，如人力资源、流程组织形式、部门人员配备、制造、设施和管理组织等，这些领域通常都是产生浪费的罪魁祸首。

当我们思考如何通过减少或消除浪费来改进组织时，我们从根本上离不开一种称为"简化思维"的项目管理理念。

强力工具

"简化思维"需要对从开始到完成的最低要求进行评估，并剥离所有对最低要求不重要的其他内容。

这很困难，因为它需要评估人员打破传统思维并且不再依靠部门中已有的日常流程模板。这可能会造成麻烦，因为有些变更只影响流程、物料或设备，而其他变更则可能导致人事调动或裁员，十分困难。重要的是，必须理解"浪费"和"低效"之间的区别。

浪费指的是流程中根本不需要或冗余的部分，或者是在不影响流程结果的情况下可以消除的事物。低效指的是"必需"但应予以改进的部分，它可以影响到流程的结果。无论哪种情况，都应该进行评估，将记录的流程与实际的流程进行对比，找出那些可以消除的不必要事项。经理们不仅要关注每项任务的组成部分，还要关注每项任务的需求以及所需的员工，才能完成该任务。对于那些可以移除的领域，经理们还可以向执行这些任务的资源征求意见并听取流程开发者的意见。

流程组织形式

在完成流程任务时，浪费管理通常可分为两个领域：与该任务相关的有形之物；分配用于执行该任务的人力资源。对经理来说，正确评估这两个领域非常重要，因为可能会对造成浪费的人或事物做出错误的假设。"简化思维"方法需要进行大量猜测，并强调一些评估之外的内容。在评估中应尽量保持客观，以确保在有关减少人力资源等方面的任务改进中不存在偏见，因为这很可能是一个非常困难的决定。

任务评估

当经理对任务中的内容进行评估时，最好要查看有关流程设计方式的文档。经理可以与流程开发人员一起检查该文档，寻找浪费的迹象。流程开发人员可能会从一个与经理不同的角度来查看该文档，并可能发现经理无法看到的浪费领域，反之亦然。请记住使用"简化思维"，因为它可以揭示出不需要的事物（浪费）并使经理专注于流程的核心要求。重要的是经理要意识到他正在评估的流程对他而言很可能是司空见惯的，因此很难发现浪费之处，因为它看起来那么正常且必需。这就是为何要让流程开发人员或相关领域专家参与评估。

任务评估需要密切关注流程中每项任务的细节。评估人员必须向自己提问：任务各个部分存在的理由是什么，以及它对于实现流程的整体结果是否必需？这很关键，因为设计阶段可能会加入不需要的步骤，或者此后加入的步骤确实对实现预期结果没有帮助，这就是浪费。查看每个任务步骤的详细信息，你可能会发现一些不必要的小事项，它们非但不必要，反而会浪费时间和物料。在流程中执行任务的人有时会自行加入一些不必要的小步骤，耗费时间（浪费）。只要你深入分析正在完成的事情、使用的物料以及现有流程中各个部分的必要性，通常就会发现一些可以消除的事项。请记住，使用任何东西都需要花钱，每多花一分钟都是在消耗时间和金钱；所以，你需要确定在流程中完成每项任务的最低要求，并确保尽可能精简和高效。

人力资源评估

对部门中的人力资源进行评估时必须分为两个主要领域：（1）技能/能力；（2）执行该部门所有职责所需的员工数量。经理需要明确这类评估的目标。减少浪费而不是人力！

强力工具

部门中的人力资源都是很宝贵的，他们存在的原因是他们拥有技能并被需要；你只需决定他们的最佳利用之地。

如果员工拥有很熟练的技能，却将无须使用技能的工作分配给他们，那么组织就是在浪费人力资源。组织拥有了可用人力资源，却根本没有将他们用于实现组织的最大利益。如果员工正在使用他的技能来完成任务，那么执行这些任务的效率将更高，并且组织内的资源不会被浪费。对于其他人员而言，分配给他们的任务可能非他们所擅长，他们执行起来就很费劲或效率较低，但也有可能他们擅长其他任务，可是这些任务未分配给他们——这也是组织内资源浪费的一种表现。在这里，经理们需要对资源利用的浪费和流程效率低下进行区分。

不同之处在于经理如何看待部门中的人力资源。从流程层面上看，人力资源存在有效和无效的区分（流程效率），而从组织层面上看，员工未充分利用其技能就是将好的资源浪费在了坏的任务上（资源浪费）。这就是我们希望在部门或组织中消除的浪费。这并不意味着减少劳动力，只是就分配的任务对员工的技能进行评估。

强力工具

做出调整，优化资源，不仅可以降低因资源分配不良造成的浪费，也可以利用最好的技能组合提高流程效率，使其成为经理的强力工具。

在评估流程和资源利用时，可能还要对员工数量进行评估，并且经理可以确定该部门是否拥有正确数量的人力资源。从中还可以看出，某些流程是否只是分配了过多的资源，而减少员工数量可能会改进流程的成本开销。

警告

经理在判断需要多少人力资源时，最好回到流程的设计中查看其最低要求，这样可以避免因流程减员而产生的压力。

设计流程时通常都会配备最佳数量的人员，但随着时间的推移，各种原因都会增加其员工数量。这就是为什么要定期对部门中使用的人员进行审查，以避免超员和浪费。

在没有经济衰退的情况下，该警告的另一面涉及对减员进行评估。当某岗位人员显然是不必要的，或者至少组织内普遍认为是不必要的，就会通过消除岗位人员来简化组织。岗位人员可能会对管理层任意裁员的动机提出异议，这使得部门中的其他人不得不承担更多的责任，并可能对出现这种情况的原因表示不解。在经济低迷时期，减员通常被视为降低成本的临时措施，而组织中的大多数员工都了解正在发生的事情及其原因。在这种情况下，管理层明显打算精简组织，这给剩余的员工造成了难以置信的压力，因为这看起来不是一个短期措施。如果员工不认可减员创造的工作环境，则很可能会离开组织。因此，简化流程以减少浪费，可能会在降低成本的同时减少劳动力。你必须小心地维持平衡，不能让留下的员工负担过重或承担太多压力——这是不可持续的！

浪费或制造成本降低？

在组织中，一些更复杂的领域——涉及困难的流程和复杂的动态活动——将可能带来浪费。工程、制造和库存控制等部门是存在潜在浪费的重点领域。如你所见，浪费可被视为在满足最低要求时"不需要"的东西，所以减少或消除此类浪费很可能以降低成本及流程改进的形式出现。

工程部是一个难以评估的部门，因为可能没有那么多"既定"流程来定义完成任务的方式。许多工程都是基于初级样品的试错流程设计的，这很有利于我们对浪费情况进行评估。在诸如工程部等部门中，对浪费情况进行评估时应考虑以下几点：

- 分配给任务的资源数量
- 为样品购买的物资和材料
- 为测试样品而购入的设备
- 购买的软件，以及该团队是否会在本项目之外使用这些软件
- 占用的空间及办公地点

像工程部这类部门可能会在这些领域超支，因为它们希望确保足够的资金来满足自己部门的需求；但是，在许多情况下，超出购买需求往往是出于习惯，因此需要对该流程进行检查以减少进一步的浪费。

强力工具

对在哪些项目上各使用了多少资源进行评估，可以确保项目中没有遗漏，并对技能进行正确分配，从而最大限度地提高效率。

制造领域很有可能产生浪费，并且由于制造部门内部还可以分成多个领域，所以这也成了一个"隐藏"浪费的好地方。在制造部门，有两个主要的采购领域：

1. 制造类产品——组织为了制造并在将来出售其产品而购买并"投入"的所有产品和物料。

2. 制造支持——在"协助制造"产品的过程中所需的所有设备、固定装置、机器和其他物品。

用于制造最终产品的产品和物料通常被视为是无浪费的，因为物料清单中有明确的定义，且只需购买所需的物料。制成品中有两个主要的浪费领域：购买并存储过多的存货占用了宝贵的存储空间，以及过多的存货使流程停留在返工阶段。这是"隐藏"浪费的一个例子，因为我们很难对"流程停留在返工阶段"进行测量，也很难解决新旧存货的问题。在你测量和探知该浪费之前，你并不知道它存在与否。

另外，制造支持非常类似于工程部，它们在资源分配、固定装置的特殊材料以及测试等从未使用过或仅使用过一次且之后不再使用的领域都可能造成大量浪费。如果工程师在处理项目或进行测试时效率不高，则在制造工程上也可能浪费时间。统计流程将显示需要完成的工作，这非常重要。但该流程应当是精简高效的，且应由优秀的领导者进行培训和管理。这可能是"隐藏"浪费的另一个领域，因为经理可能并不知道最低的时间要求，所以他也不知道浪费了多少时间。

采购中的浪费

公司采购物品通常用于运营、分销和销售，或者用在该组织制造和销售的产品中。如何进行采购不仅对部门效率的管理而且对组织现金流的管理都有着重要影响。大多数采购办事处都有一个首选供应商列表，但还需有一份分析，对选择该供应商而非其他供应商的原因进行说明，从而对供应商列表提供支持。在完成此项工作时，可以使用表 4.1 所示的工具"供应商分析矩阵"。

表 4.1 供应商分析矩阵（示例）

供应商	价格	质量	现货情况	交货情况	客服	评分
A&B 机械	好	平均	平均	差	好	17
中央机械	差	好	平均	好	差	15
海湾机械	平均	差	好	平均	差	13

> **强力工具**
>
> 评估支出的一个工具是构建供应商分析矩阵。供应商分析的内容应涉及购买的物品以及符合条件的供应商。

这个清单在创建后并非一成不变，而应该定期进行重新评估。还可在自定义矩阵时加入其他评判标准，并在标准中引入权重，以强调某些特定方面的重要性。由于质量、交期、定价及客户服务等问题，供应商也可能发生变化。在某些情况下，增减产品可能改变组织与该供应商开展业务的方式。

组织与供应商之间的关系也可能发生变化，例如供应商可能对其出售的第一笔订单给予优惠报价以便进入市场，却在未来的订单上提高价格以弥补利润率。另一个例子则是合同结构的变化，它可能引入对组织有利或不利的新条款。需要审查的一个领域是采购代理与供应商谈判的能力，采购代理必须时刻牢记组织的最佳利益。买方可建立或解散该部门，并进行必要的领导和培训，以确保正确完成采购。如果组织在采购上花费过多，那么这也是一个应该对浪费进行评估的领域。可以通过一些改变来改善支出并消除浪费。

收发上的浪费

在浪费管理上，货物收发是一个困难的领域，因为它不断地随着存货、待收/发货物以及正在装运或接收的货物的变化而变化。正确有效地管理这一流程所涉及的后勤工作可能相当复杂，并且这一领域中可能产生并藏匿着浪费。这可能难以评估，因为那些在货物收发领域工作的员工了解当前部门的设计运营方式，从而可能难以察觉更好、更有效的方式。可能需要聘请部门外的人或聘请顾问深入该领域对浪费进行评估并予以改进。收发应被视为一个过渡领域，货品在该领域中会发生移动且不会停留很长时间。浪费将存在两种形式：货品停留的时长（占用空间）和货品"过渡"或"储存"所需的设备类型（工具和器械、桌子、架子等等）。

厂区会在该领域上花费金钱，但应储存于别处的货品不应在此长时间存放（隐藏的浪费）。如果大部分的空间和设备都用于过渡货品，且布局合理有效，结果则令人满意。但如果布局中有过多的空间用于储存或用于非过渡目的，则可能存在浪费，需要进行评估。我们需要对低效和浪费进行区分。低效包括了流程所需但仅仅需要改进的事物，而浪费则包括了被认定为不需要并可消除的事物。站在旁观者的角度来评估该领域可以帮助我们更加客观地了解哪些事物真正属于流程的一部分以及是否为我们所需。

设施的浪费

组织每年都会在世界各地的仓储、制造、办公、集会和会议等建筑设施上花费数亿美元以开展业务。这些设施的花费因其用途而各不相同；例如，一个大型的开放式仓库比一座有许多办公墙、卫生间和昂贵大堂的办公楼便宜得多。当组织需要该设施或者该设施能够根据组织的战略设计产生回报时，组织就会很乐意在该设施上投入额外的资金。

设施通常会储存浪费而不是产生浪费，因为设施本身往往不会与特定的流程相关联，而只是为了便于开展流程。许多组织为了将来的发展购买了规模过大的设施，然后将其填满，从一开始就利用了所有空间，这使得该设施充满了浪费。利用空置空间并不是一件坏事；但当空间使用变成永久性时，就会成为浪费。实现空置空间的利用可采用长期规划策略，高层管理者可以对组织的增长潜力进行规划，以便利用当前的房地产价格，并且空置该建筑物的大部分区域为此后组织的发展和扩张做好准备。这是一个可接受的策略，因为你可以率先取得较大建筑物的长期租约，从而在必要时使用它。另一些公司可能拥有较小的建筑物，但为了未来的扩张不得不搬到更大的建筑物里，租赁成本攀升并影响其效益。相比之下，你的组织就更具有优势。

对建筑内的空间进行管理的另一个方法是考虑员工需要走多少路，包括花费多少时间上洗手间以及在完成日常任务过程中在部门内移动的距离。员工在建筑物内行走的时间可能存在大范围的浪费，管理层可以对其进行评估，并且在某些情况下，这种浪费可以通过对设施内部布局的评估得到大幅改善。在大多数情况下，人力资源是组织中最昂贵的资源之一，如果员工不得不花费大量时间在设施中白跑路而无法执行任务，他们就无法为组织完成工作，从而造成浪费。如果员工可以在较近的距离内完成自己要做的一切工作，就可以缩短步行时间，提高效率，并消除浪费。

管理决策中的浪费

对组织而言，管理决策很重要，因为决策必须经过讨论、协商、最终确定，并付诸实施。在组织决策过程中，可能产生多方面的浪费，例如指定何人做决策、此人的决策能力如何，以及此人在决策过程中有何牵涉。让我们看一下决策者及选择其作为决策者的原因。他可能是部门或组织的负责人，其职责通常就是做决定。在其他情况下，将由一个小组或委员会负责做出决策，而有时这就是产生问题和发生浪费的地方。

当经理们面临决策时，他们实际上面临着一个流程，而在某些情况下，经理们缺乏制定决策的流程。经理可能花费大量的时间收集信息、考虑采取何种行动，并决定在做出决策时采用哪些标准。经理们可以直观而快速地完成这项工作，因为他们通常有着较多的经验并对自己的能力比较有信心。他们也了解组织和其部门，以及决策的需求和要求。面对决策，他们收集信息、制定计划、快速有效地做出决策（没有浪费）。如果组织中有经理可以做到这一点，就很好。一些经理在做出某些类型的决策时十分吃力，而在做出其他类型的决策时得心应手，这通常就是因为缺乏决策流程而造成的浪费。

会议和决策处理上的浪费

经理在做决策时可能需要考虑的一个重要领域是会议方面的浪费。作为组织的内部负责人，经理必须评估所需会议的数量、原因、持续时间以及其是否合理。因为感知力是强大的，所以经理可能发现，部门中的人员看到经理在会议上花费（浪费）时间后，他们会觉得需要放慢速度或在经理离开时也浪费时间，从而降低了生产力。这就造成了时间的双倍浪费！这种情况往往难以进行测量或分析。

似乎员工们在部门中见到经理时，生产力就会提高，但是当经理们开始开会后，生产力就会下降，并且在部门内产生浪费。这时经理们必须以身作则，因为员工们会关注经理们正在做的事情，并可能向他们的领导发出信号，传达他们对过度会议的担忧。

> **强力工具**
>
> 经理们可以简单地传达哪些会议他们"不得不"参加以及他们可能发挥的作用，来缓解这种"感知力"。这样做可使经理的想法更加透明，员工也更能理解经理在会议方面的困境。

决策处理

当经理做出决策时，通常会导致方向改变、流程改变或出现影响部门的某些变化，从而以某种方式影响人力资源。变化可能很小，成本相对较低，几乎不会影响任何人，但也可能很大，使部门受到重大影响。但无论何种情况，决策都会造成变化，我们需要评估其是否改进或恶化了某个流程或该部门的效率。对某些组织而言，经理可能不得不质疑决策流程本身以及糟糕的决策流程可能产生的浪费。

在这些决策类型中，有两个因素需要考虑：决策流程本身浪费的时间，以及决策做出后产生的浪费。经理和员工可能在决策中花费了大量时间。这通常是缺乏决策流程或没有决策流程的结果。我们知道流程有助于定义和组织任务，以提高实现目标的效率。

强力工具

为消除浪费,应制定决策流程,以便指引你做出决策。

经理每天都要做出决策——一些能够改善工作,一些则会产生浪费。对当前正在发生的事做出所需的决策时,经理可以回到决策流程中,将新想法与现有方式进行比较和评估,以验证是否能实现改进。对新流程而言,这可能更加困难,因为没有什么可以与之进行比较。但无论何种情况,经理都必须对决策进行仔细的审查,以确保它们不会以任何方式造成浪费。

经理做出正确决策的方式之一就是利用部门人员。因为大多数人力资源都负责部门中的某些流程,所以他们能最好地发挥自己的技能,而如果人力资源无法发挥其作用,则可能出现了问题。经理必须决定如何解决该问题:是当天不再执行该流程、让其他人执行该流程,还是自己执行该流程。这是所有经理都会面临的一个非常真实的场景,做出决策并完成所有后续工作。

交叉培训是解决人员配备问题的好方法。随着越来越多的部门员工接受部门内其他领域的培训,部门变得更加强大,决策变得更加容易,也减少了浪费。交叉培训的另一个好处是,它可以让经理对部门内的其他流程资源进行评估。这能够使经理们发现人员隐藏的技能,并且人员在其他流程中可能表现得比他现下被指派的工作更好。交叉培训不仅可以强化部门,还可以让经理对人员配备进行评估,确保将正确的技能分配给正确的任务,通过人员的重新分配来减少浪费，提高部门效率。

在组织的更高层次上，可能需要做出决策，对组织结构、营销方法、销售和产品组合、各部门的设计和布局以及制造或服务的一般方法等领域进行评估。这种类型的评估可以在组织的多个层面展开，从高管部门开始，就会为提高市场效率和可持续性并实现战略业务目标的有效性而对组织的基础设施进行评估。评估也可以在管理中层展开，评估每个部门在布局、流程和资源配置等方面的效率。定期对运营进行评估，从而确保当前流程的结构、设计、实施以及人员配备能够有效地完成业务目标，这对组织是有益的。

可持续变化

在对运营浪费进行管理和消除时，我们对降低成本、改进流程、人员配备要求、资源配置和利用决策提高生产力和效率等方面进行了研究，但它是否可持续？管理层必须考虑这些行动的可持续性，以确保这些变化能够带来长期效率。当经理打算在组织内做出改变时，必须考虑该变化带来的长期影响，因为这将用来判断该变化的实际可持续程度。

减少开销的最常见的方式可能是减少人员。这种类型的改变需要付出一定的代价，因为流程任务还在，而现在必须以更少的人员来完成。这种工作环境会带来短期收益，但可能无法持续。

强力工具

> 为降低成本而设计可持续变化时，经理可能会发现，他可以消除某个流程，或将该流程与其他流程合并，从而减少员工数量。这不仅消除了浪费，还创造了积极的可持续变化。

另一个解决人员配备问题的有效方法是将员工重新分配至组织的其他部门。员工可以从一个部门移动并重新分配至实际需要该技能的另一个部门。这可能困难重重，因为必须对其他部门是否有增加人员的需求进行分析，以确保其合理性；你并不想单纯为了转移人员而转移人员。无论对何种变化进行评估，都应采用这种分析方法。经理在其部门中做出的改变可能会对其他部门产生负面影响。因此经理必须保持开放的态度，确保这些变化不仅符合本部门的利益而且符合整个组织的最佳利益。

如你所见，浪费在组织中随处可见，可能存在于组织的任何层面。浪费可能非常明显，在众人的声讨中得以解决，也可能藏匿于流程、设施中，或由于糟糕的决策流程或计划甚至缺乏决策流程或计划而产生。浪费每年都给组织造成数百万美元的损失，而可悲的是，年复一年，都未得到应有的重视。如果经理想要解决浪费问题，就必须找到浪费所在。必须始终把浪费视为"不需要的"，从而在可能的情况下消除它。处理浪费有时很困难，因为经理可能不得不为此做出艰难的决策。如果经理能够将浪费视为组织在时间、金钱或资源上花费的成本，那他将更有可能找到减少或消除浪费的解决方案。

强力工具汇总

- "简化思维"需要对从开始到完成的最低要求进行评估,并剥离所有对最低要求不重要的其他内容。

- 部门中的资源都是很宝贵的,他们存在的原因是他们拥有技能并被需要;你只需决定他们的最佳利用之地。

- 做出调整,优化资源,不仅可以降低因资源分配不良造成的浪费,也可以利用最好的技能组合提高流程效率,使其成为经理的强力工具。

- 对在哪些项目上各使用了多少资源进行评估,可以确保项目中没有遗漏,并对技能进行正确分配,从而最大限度地提高效率。

- 评估支出的一个工具是构建供应商分析矩阵。供应商分析的内容应涉及购买的物品以及符合条件的供应商。

- 经理们可以简单地传达哪些会议他们"不得不"参加以及他们可能发挥的作用,来缓解这种"感知力"。这样做可使经理的想法更加透明,员工也更能理解经理在会议方面的困境。

- 为消除浪费,应制定决策流程,以便指引你做出决策。

- 为降低成本而设计可持续变化时,经理可能会发现,他可以消除某个流程,或将该流程与其他流程合并,从而减少员工数量。这不仅消除了浪费,还创造了积极的可持续变化。

// 第 5 章

资源管理

了解你的资源

资源是组织的支柱,从人力资源到设施、现金流和信贷额度、设备、专利、专有知识——都必须进行审慎的选择以确保其对组织的价值。组织利用资源来构建运营体系并完成战略业务目标。经理负责对使用资源的运营流程进行监督,因此他们选择和管理资源是否有效将对组织的成功起到至关重要的作用。

因组织结构差异以及高管采用的组织设计方式不同,资源会有很大差异。像服务公司这样的组织非常注重人力资源,而制造业和建筑业等其他组织可能更多属于设备或设施密集型。经理必须对正确的资源进行及时有效的分配,以实现其目标。本章将对经理在管理多种类型资源时可能用到的工具做一番介绍,其中包括最主要的资源——人力资源。

人力资源总是存在于组织的某个层面上，因为组织是由人创立、管理，并执行与之相关的任务和流程。有些公司更加自动化，只需要很少的人力资源来执行任务，但通常至少有一个人来启动该组织。在某些方面，人力资源与设备、机器和软件等其他资源相似，都用于特定目的或执行特定任务，但他们确实具有独特的属性，这使得经理在选择和管理他们时更富有趣味和挑战性。

人力资源可谓是最难管理的资源类型之一，因为有许多变量需要考虑。所有类型的资源都具有一些共同属性，例如：

1. 执行任务的资质；

2. 可用性；

3. 成本；

4. 可靠性；

5. 长期或临时状态。

许多类型的资源都拥有这些属性，因为它们对于获取资源而言十分重要。对可用性、成本以及长期或临时状态等领域进行评估会更加容易，因为它们的信息形式相对固定。而像资质和可靠性等属性则可能难以确定，因为对任何类型的资源而言，如果之前不曾使用过该具体资源，则很难对这些属性进行量化。我们可能需要进行一些研究，对所需资源类型进行细化，或从使用过该类型资源的参考方收集信息，以便更好地理解其用途和可靠性。对多数类型的资源而言，在大多数情况下，这些属性被认为是相对基本的，未经通知不会发生变化。

就可靠性而言，设备和机器可能损坏，但这通常与维护不良或导致故障的意外事故有关。选择资源时，应考虑其性能和可靠性是否可接受，是否进行合理的维护，才能获得期望的结果。但是，有一种类型的资源并不总能据此归类，因为任何影响都可能改变其性能和可靠性，它就是人力资源。由于存在思想变化和不同心态，该类型的资源可能在不同领域发生不同的变化，而其他类型的资源则不会。

我们必须对所有资源执行所需任务的能力进行评估。通常，在获取资源时就可得到这些信息，并且相当准确，几乎不会发生变化。但对人力资源的能力将更难评估，因为初始信息可能过于主观，并且需要对特定的能力和绩效进行进一步评估。鉴于人力资源的主观性较强，即使进行深入评估，在资源实际用于组织之前，也无法全面了解该资源的能力。

> **警告**
>
> 资源评估可以根据初始评估的水平和质量产生积极或消极的结果。而人力资源还需考虑其他方面，如态度、意见、观点和各方面的经验等等，这将决定该资源如何在工作中做出决策，但其中大部分指标只有在雇用该资源后才会明了。

人力资源

运营的开展主要依靠人力资源，而我们需要获取人力资源。组织聘请经理监督其部门流程，实现部门目标。而经理必须了解人力资源执行各个流程所需的技能和经验。在招聘过程中，经理可能会难以组织他们需要做的事来有效地评估职位的潜在候选人。管理人力资源的第一步就是了解资源所需的技能以及如何为职位选择资源。与许多其他管理领域一样，雇用人力资源也只需要一个流程。

新员工怎么了？

经理在面试过程中必须面对的一个问题是，在决定聘用之前，你用于测试和评估此人的方法有限。这就使得你必须在聘用之后才能慢慢了解自己的员工以及他们的知识能力和所作所为。这既可能产生积极结果，也可能产生消极结果，因为直到他们开始工作并产生互动之前，你并不真正了解他们。正如许多经理知道的，有些人会比预期更好，而其他人则出于某些原因无法达到预期。有趣的是，原因通常分为技能不足和态度或个性差。在聘用之前可以较为客观地评估技能，但态度和个性往往是事后的意外。

重要的是，我们需要了解，人们的需求不同，个人情况也不同，这可能影响他们的工作方式。管理人力资源就是要了解他们，知道是什么让他们做出选择，并知道他们不是一致的。人有不同的性情，会对不同的激励措施做出反应。

强力工具

重要的是，确保员工已充分证明他们具有所需的技能，并且不仅愿意与经理一同工作，也愿意与整个部门（团队）相互配合。

经理的职责是优化经理与部门中每个人的交往方式。最好的情况是部门能够作为一个团队共同工作，而这很大程度上取决于个人的心态。

人力资源的技能及利用

强力工具

仅使用你的部门中绝对需要的人员和技能；关键是技能和组织！

在对潜在人力资源进行初始评估时，考虑技能的深度和广度尤其重要，因为这是资源可以带来的最高价值。在项目中，人力资源需要执行某个特定任务（技能）或利用广泛的技能执行多项任务，并根据可用性接受分配。拥有广泛技能的资源能够使经理们更好地规划部门和组织内的资源分配。这使得招聘时的评估过程更加重要，因为它可以帮助我们更好地了解潜在资源。由于大多数经理都确实理解这一点的重要性，所以此处的目标是将技能的价值与"简化思维"以及资源利用相关联。

当高技能人力资源通过良好的组织形成较小规模的员工团队并以最佳效率发挥他们的技能时，该部门就处于最佳状态。由于并不总能取得高技能的人力资源，即使能，经理也很可能面对其他亟待

解决的问题,这就使得问题稍微复杂了一些。当经理对人力资源的利用情况进行评估时,存在两方面的问题:

1.通过何种流程对高技能人员进行分配;
2.员工因过度分配而精疲力竭。

对部门而言,高技能人员十分宝贵,经理必须在分配时花些心思,因为他们应该得到最有效的利用。问题可能出现在员工的过度分配中。员工可能因某个流程而精疲力竭或发展出"任务抵触情绪"。事实上,员工究竟可以承受多少额外工作存在一个阈值,而这个阈值因人而异。员工可能对他们不喜欢的任务有强烈的抵触情绪,并可能质疑这个工作环境,甚至产生辞职的想法。经理必须对所有员工进行监控,以确保他们不仅熟练掌握了流程,而且还喜欢这项工作。

人力资源会对自己的工作感受以及组织的一般就业环境进行衡量,也就是工作满意度。人力资源通常在开始新工作和完成既定任务时感到兴奋。当他们在工作中感到舒适时,他们会建立信心并对自己做出的贡献感到满意。在大多数情况下,员工并不介意额外的任务,甚至临时性的指派,但他们必须知道他们能够回归正常工作,才能取得平衡。经理在给员工分配任务时必须花费心思,在平衡中寻求高效,并避免他们在任务中过于分散而对那些不属于他们本职工作的任务产生厌倦感。

员工的心态

当谈论"心态"时,我们考虑的是几个方面的组合,包括态度、个性、感知和对管理层及组织的一般认可度。经理如何看待他们的员工很重要，而他们在管理员工时采用的方法同样重要。在技能和态度等领域，经理可以直接干预，要求员工做出改变或改进。而像个性、感知和对管理层的认可度等领域，则难以干预，因为经理不能要求员工改变他们的个性。但经理可通过自己的行为影响感知和认可度。心态与该员工的行为以及他们与其他员工的互动方式有很大关系。

在对员工进行监控时，经理需要评估部门的总体感受，了解员工的心态有助于经理更好地了解态度和行为。通过开放的沟通渠道，经理可以了解员工的感受，并有助于管理员工。由于沟通在人力资源管理中十分重要，本书有专门章节对其进行讨论。

强力工具

在项目中，项目经理是所有信息的枢纽，他需要设计并维护一个良好的沟通结构，它可以让经理知道该项目每个部分的细节。

它也可以帮助项目经理更好地了解项目中人力资源的感受。保持良好沟通是良好管理和良好领导的标志。经理若想监督和了解其部门和员工，沟通是基础。

管理与领导

经理可能有过分强势的倾向或给人以强势的印象，这会对人力资源产生不利影响。经理确实有责任监督和指导其下的员工，但其方式可能因情况而有所不同。在这里区分"管理"和"领导"十分重要。经理有责任对他们指导下的行动进行"管理"，以完成部门所要求的流程。而经理如何与其下属互动或"领导"其下属开展任务也同样重要。在"管理"之下，经理应向员工提供指导以及完成任务所需的物资，而员工应该对按计划完成任务负责。"领导"则有时被视为外围因素，更多是基于人性因素进行管理。员工需要知道，经理正在倾听他们、关心他们的想法，并支持他们作为部门资源的一部分。

强力工具

经理可以通过"以身作则"的方式进行领导；这传达了经理希望在员工中看到的态度、行为和行动。

正是通过这种方式，管理层表明了他们相信组织正在做的事，从而传达出了组织所做的各种事情的重要性。

管理层有时不相信与员工分享部门正在完成的任务的重要性或没有这样去分享，而部门员工能够感受到管理层的想法并对该任务缺乏兴趣。当经理开会回来时，他往往会选择他真正想要完成的任务或特殊项目，而将其他任务推至优先列表底部。从经理的态度和行动中，我们可以明显看出他对需要完成的工作的看法。经理既可以在成功完成任务的过程中获取力量，也可能失去力量，这很大程度上取决于他们的心态。如果经理相信这一任务，则他的团队也会相信；如果他不相信，那他的团队也会察觉并同样不相信。是否能成功完成任务取决于经理的认可度以及组织内对该任务重要性的看法，这正是经理需要与其部门员工沟通之处。

人力资源配置

项目管理要实现高效，需要对一个重要的领域进行监督和维护，那就是人力资源组织。这在管理职能部门方面有何不同？项目将在短时间内或一段固定时间内对人力资源进行配置，而任务完成后，这些人力资源将离开项目，在组织内进行重新分配。不同之处在于，职能团队内的人力资源接受的是较长期限内日常重复任务的分配。人力资源配置应该像项目一样进行规划和持续评估。

> **强力工具**
>
> 项目经理可以通过调整人力资源配置、微调计划，并在可能的情况下引入更多人力资源或其他能够为经理提供不同方式方法的外包资源，来控制项目。

如前所述，经理需要小心行事，避免人力资源过度分配。简单地说，过度分配意味着员工在正常工作计划外仍在工作。可能是他们要完成的任务多于他们当天可以完成的任务量，也可能是单个任务所花时间超出了他们每天计划的工作时间。为完成某项特定任务，可以在短期内进行人力资源的过度分配，但这仍然是不可持续的，且长期过度分配是不可取的。

有一种技巧，可以引入另一资源来承担部分工作，或更好地将工作负担分配到其他资源上。经理可以并行安排任务，从而更快地完成任务并释放资源。另一技巧是可以安排更多的时间来完成工作，但如果需要在短时间内完成大量工作，则需要暂时安排多次轮班以完成任务。

新官上任

在组织中，资源分配和效率的另一领域涉及领导者、主管和经理从何而来。这些人力资源通常逐层晋升，或由于他们明显是部门内的专家而被提拔到现在的岗位。这应该被视为资源分配的一种形式，因为他们应接受部门指派的任务，而现在他们也只是被分配到了另一项任务上。最为合理的就是提升这些人力资源在部门中的地位，从而其他人力资源可以将其视为领导角色，在开展工作时向其提问并接受指示和指导。

一些组织喜欢从外部聘请他们的经理，以便更多地从客观的角度看待他们的团队，因此这里需要提醒诸位在选择主管和经理等职位时应当审慎，必须确定哪些人应当晋升、哪些人应当引入。如果我们选择一位经验丰富的骨干人员，将其提升为主管或经理，那他将不再履行现下的职责，而留下一个有待填补的空缺。该人力资源原来的角色是专家，而管理人员现在将其技能从直接流程中剔除了，这可能并不符合该部门的最佳利益。在其他情况下，我们可能等待自然领导者的出现,并让他承担更多的责任。这就是交叉培训的好处,其他人力资源可以介入,以弥补经验不足带来的损失。

一些人力资源可以通过良好的培训、沟通技巧以及愉快的合作来领导或指导他人,而另一些人力资源虽然是专家,却可能不具备这些技能。"管理"和"领导"是另外的一整套技能,必须在人员升迁过程中进行评估,因为并不是每个人都适合做领导。管理层一直在寻找化繁为简的方式来提高运营效率。这迫使我们对自身的管理结构进行评估,以确保我们有正确的管理监督机制,并正确地在各个流程上进行人员配备。

资本设备

组织中第二个主要资源是资本设备。我们在精简组织、提高效率时往往更注重人力资源,而忽略了资本设备的使用和设施空间的利用。像人力资源一样,我们也需要在该领域中有效且高效地使用设备。当人力资源未得到充分利用时,往往比较明显,并且可以采取行动来消除这种情况。但是当设备或设施内的空间处于空置状态或未被充分利用时,却很容易被忽略。因此,我们必须首先明确什么是资本设备。

资本设备可以是办公设备和家具、生产设备、叉车、卡车,甚至是货架和托盘,以及建筑物和组织运营所需的一切一般事物。我们还必须考虑我们为何拥有这些物品、它们是否在使用、未来是否会用到，以及存放这些设备需要多少空间等等。对建筑物的大小进行评估时，需要评估许多事项，例如所需的总的资本设备数量、办公空间，以及任何与制造、库存和收发相关的事项等。

> **强力工具**
>
> 对资本设备资源进行管理的关键在于两个方面：资本设备的利用，以及发生变化时资源的重新分配。

在运营管理中，如何利用资源通常取决于商业战略。而在项目管理中，资源的利用通常是根据项目中需要完成的任务以及发生变化或出现错误时资源的重新分配情况来设计的。这与运营管理相应方面并没有太大不同；组织有一个明确的战略目标，并且组织必须按照其要求去做，才能完成该目标。在运营中，我们会考虑两个主要领域：设施和资本设备。

设施

多数组织都使用某种形式的建筑结构来容纳运营内容。小到住宅内的空间，大到分布在世界各地的大型工厂和办公楼。在构建运营体系时，高管对实现业务目标所需的设施已有决策。这通常涉及建筑物的大小、类型和位置等。在取得设施后，承租人会对其进行整修，创建办公空间、生产车间、库存控制、收发室、休息室和洗手间等，此时该设施往往开始投入运营。运营经理必须对设施的使用和/或设施中用于其部门的空间进行监控，以便最佳地利用空间。

当首次搬入某一设施时，即使空间超出所需范围，组织也可以轻易地利用所有空间。这可能是由于组织是从较小的设施搬到了较大的设施中的，也可能是因为原先的工作空间有限，而现在有更大的空间可支配。如果它与设计相符，那就是正常的，但我们仍须注意，因为单位面积相当昂贵，在布置新设施时应密切关注空间的合理性。

强力工具

经理为实现效率，可以在对部门内的空间进行分配时有所保留，为未来增长做出规划。

这就是"简化思维"——为未来的发展做好准备，而不是以后让组织来解决空间不足的难题。这将使经理对部门内发生的事情有更多的处理空间，因为常常会因意外之事而需要更多的空间。

对项目经理的教学和培训不仅是要让他们管理和控制自己的项目，还要求他们对可能发生的风险事件进行监控。风险规划就包括了在发生风险事件时制定应急计划。经理应该以同样的方式看待他们的部门，对设施空间的利用就可以归为这类风险规划。

强力工具

如果经理在设施中设计了一部分用于规划外用途的区域，

这将使得经理在部门内做出变更时，可以利用额外的空间，而不会给组织或设施造成额外的负担。

这些额外空间不必非常大，可根据需要设计成应急空间。这其中可能还包括组织内的空间交换。

空间交换是运营中使用的另一个项目管理工具，它可以最大限度地利用设施内的空间。一些部门可能有富余的空间供其他部门使用，或有能力将部门中正在使用的事物与其他部门交换以便更好地利用空间。这可能是由于布局的限制，导致一个部门出现问题，而另一个部门却能很好地利用该布局，在这种情况下，空间交换可以更有效地利用设施空间。在部门内需要额外空间用于应急处置时，空间交换也可以派上用场。这是项目管理的另一工具，它有助于解决那些可能减缓项目进度的问题。

> **强力工具**
>
> 如果部门中正在进行的特定项目或任务占用了太多空间，经理可以对其部门中的空间进行审查并与其他部门的经理进行空间交换。这样可以更好地利用设施内的空间。

设备

资本设备的第二个领域则涉及所有的设备、工具、重型机械、计算机和办公设备。由于经理需要就人力资源和设施空间的利用对其部门负责，他们也会为完成部门工作而占有某些类型的设备。组织可以通过两种方式获取资本设备：购买设备和租赁设备。

根据设备的用途和运营中设备的使用频率，组织可以确定如何以最有利的方式获取设备：是购买设备，或是短期租赁设备。如果选择租赁设备作为最佳行动方案，那么负责该设备的经理就必须对该设备的实际使用时间进行监督，并确定是否需要延长或缩短租赁期。租赁的设备不应在部门中闲置过长时间，这会造成组织不必要的浪费。能够做到这一点，经理就能使组织受益。在其他情况下，短期租赁是获取设备以完成任务或流程的最佳选择。如果该设备并非长期运营所需，就可以免除购买设备造成的负担。

强力工具

必须注意租赁的设备不应在组织中存放过长时间，这样会浪费金钱并占用空间。

诸如办公设备、生产过程中使用的动力设备和施工过程中使用的重型设备等资本设备，需要像人力资源一样进行评估和筛选，以确定组织对该设备的需求以及该设备是否足以满足组织的需求。"简化思维"要求经理对其部门中使用的设备进行审查，以确保其适用于所需的流程，并且确实是在使用中而并非长期闲置。这可以在组织内施加压力，防止出现闲置的资本设备或将设施内可用于其他事物的空间用来存放设备。

强力工具

只留存必要的资本设备来执行部门所需的流程，因为所有其他设备都将增加组织的成本和储存负担。

在对人力资源、设施和资本设备的选择、审查和使用中，经理履行监督和维护的职责十分重要。正确地选择和利用这些资源可以使经理在控制部门流程和控制组织开销上更有信心。这些是经理在组织中取得成功的重要工具。

强力工具汇总

- 重要的是，确保员工已充分证明他们具有所需的技能，并且不仅愿意与经理一同工作，也愿意与整个部门（团队）相互配合。
- 仅使用你的部门中绝对需要的人员和技能；关键是技能和组织！
- 在项目中，项目经理是所有信息的枢纽，他需要设计并维护一个良好的沟通结构，它可以让经理知道该项目每个部分的细节。
- 经理可以通过"以身作则"的方式进行领导；这传达了经理希望在员工中看到的态度、行为和行动。
- 项目经理可以通过调整资源配置、微调计划，并在可能的情况下引入更多资源或其他能够为经理提供不同方式方法的外包资源，来控制项目。

- 对资本设备资源进行管理的关键在于两个方面：资本设备的利用，以及发生变化时资源的重新分配。
- 经理为实现效率，可以在对部门内的空间进行分配时有所保留，为未来增长做出规划。
- 如果经理在设施中设计了一部分用于规划外用途的区域，这将使得经理在部门内做出变更时，可以利用额外的空间，而不会给组织或设施造成额外的负担。
- 如果部门中正在进行的特定项目或任务占用了太多空间，经理可以对其部门中的空间进行审查并与其他部门的经理进行空间交换。这样可以更好地利用设施内的空间。
- 必须注意租赁的设备不应在组织中存放过长时间，这样会浪费金钱并占用空间。
- 只留存必要的资本设备来执行部门所需的流程，因为所有其他设备都将增加组织的成本和储存负担。

// 第 6 章

预算控制

在对多种类型的资源进行配置后,才可能实现运营。其中可能包括人力资源、资本设备、设施和财务手段的使用。除了那些将志愿者作为人力资源开展运营活动的组织外,多数组织都需要使用资金来获取人力资源。有些组织将其目的称为战略目标,他们需要获取资源来实现这一目标。他们通常使用现金、信贷额度和投资者资本等财务形式来购买资源、开展运营管理,并向人力资源支付工资。为维持运营,这些财务支出必须有条不紊,以便负责运营的高管可以针对全年的采购和支出制定计划。对计划中的采购和支出进行详细评估就称为预算。

然后,该支出计划会分发给组织内所有涉及这些支出的职能领域负责人。组织的首席财务官可以选择将运营中的总预算拆分成较小的部分,例如根据组织的部门制作单个预算。这些预算将更具体地针对那些职能领域,并需要由负责该职能领域的经理进行管理。由于预算只是职能领域中采购和支出的概要,因此,这些预算的推导方式及其相对于实际支出的准确度，对于组织充分规划其财务资源至关重要。我们应将重点放在正确建立预算和全年预算控制上，因为这将有助于确保我们对财务资源进行正确的管理。

在对预算控制能力进行审查时，部分控制感来源于你的归属感，或者你切实参与了你试图控制的内容的设计和开发。对预算进行调查和控制的其中一个方面涉及预算的严格程度以及经理在多大程度上会坚持预算。预算可能只是一个成本结构指南，使经理能够了解部门或特定项目的一般支出将用于购买什么。如果是这种情况，你可以尝试使用该指南，它将使高层管理人员了解如何根据前一年的结果对下一季度或下一年度的预算进行成本结构化。虽然可以将其视为预算估算工具，但高层管理人员通常不想以此种方式管理"可控"预算。经理需要坚持预算并尝试处理任何超支问题，这就是问题的起点——如何控制预算！

建立预算

各部门会提供其运营所需的数据，而预算正是根据这些数据建立的。每个组织都会确定如何创建预算以及如何管理预算。直接主管的经理可能会也可能不会获得创建预算所需的信息；因此，经理可能并不总能制定出自己的预算。一般通过两种方式制定预算：

- 自上而下——由高层管理者创建预算，并交由下级管理者进行管理。
- 自下而上——由下级管理者或直接主管的经理来创建预算。

如果只是把预算交到经理手中，经理就几乎或根本无法控制预算的创建。这通常会给他们的工作带来更多困难，因为他们必须参照预算的数字执行，却几乎或完全无法控制这些数字的来源以及准确度。如果根据经理的意见制定预算，则可能更为适用，因为经理一般会更了解其部门，可以更客观地对预算做出评估。

在某些组织中，预算可能基于特定部门过去使用的历史预算数据或其他职能经理输入的数据。这种预算介于"完全由经理自行建立的预算"和"上级下达的预算"之间；经理对此类预算可能有一定的发言权，但不能决定预算的整体构建。无论如何，一个项目或部门都将采用某种形式的成本结构，而该成本结构需要根据该部门或项目的工作目标来确定。

高层管理人员将预算交到经理手中后，总是希望经理能够尽可能地维持预算。这反过来又让高层管理者了解到经理控制项目或部门的能力，以及这个人是否真的能够控制预算而不仅仅是向他们报告。无论是否有经理的帮助，高层管理者都已经制定了预算，并且希望经理能够严格遵守预算。在某些情况下，如果经理超出了预算范围，则可能被批评。如果经理在制定预算方面没有太多发言权，这一点就尤其困难。但即使是在较为严苛的要求下，控制预算仍是可能的。

强力工具

经理应努力在制定预算的过程中发挥作用，因为这不仅可以让经理输入更多准确的信息，还可以让经理更好地了解预算的运作方式并对预算有种归属感，从而有助于制定预算。

当经理有能力且能够参与预算的制定时，他们会更加主动地管理预算，并在其中找到归属感。

经理通常都更偏向于使用这种方法，因为这样他们就能够完全自主地分析部门内部的多数细节信息，并且他们将制定更准确的预算，从而可以真正按照预算施行。鉴于经理的能力差异，在一些情况下，预算可能很糟糕，因为经理可能根本不懂如何估算成本；而在其他情况下，经理可能在成本估算和预算构建方面受过良好教育、经验丰富且技术娴熟，因而表现得非常好。这实际上是组织制定预算并让经理保持对预算的控制的最佳方式。

无论预算是由高层管理者下达下来的还是由经理制定的，都必须让经理清楚地知道，他是否需要严格地遵从预算，或者这个预算只是为经理提供指导，他只需尽可能实现其要求即可。在预算控制方面，这一点非常重要。因为有些控制措施可直接用于管理预算，使其严格遵从指导原则；而其他工具则更多的是作为指导原则来管理预算。

预算范围

经理可能会对与部门运营相关的所有事项进行成本和费用管理，包括人力资源、资本设备、设施以及部门运营所需的任何类型的现金或信贷额度。在某些情况下，部门经理可能只是简单地计算了员工工资和管理工时的成本结构，然后把这些当成了全部。还可能存在这样的情况：经理负责管理的部门有多个正在运营的项目，因此可能未必能将所有与项目相关的事项纳入部门预算中。也有可能项目有自己的项目经理以及与其相关的预算，因此未能与部门预算相关联。这种类型的信息对于制定和维护预算至关重要，因为经理需要知道他们将要控制的内容以及设定的预算范围。

分包预算

有些预算可能会涉及组织与分包商签订的合同或者组织为这一整年的采购目的而订立的合同。这样的安排可能使组织难以在年初对预算进行成本估算，并且难以全年维持该预算。如果年初能够知道需要雇用分包商或租用资本设备，就可以估算每份合同的预算，但在许多情况下，这些要求在出现之前几乎没有任何预警，并且会在预算之外增加其他费用。有时采购谈判失败，新合同必须以超出预算的新定价订立。在采购中使用合同是一种很好的方法，因为它可以尽早确定价格并将其纳入预算。有一些工具可用于解决这类问题，让经理更好地控制局势。

不可预见的成本和风险预算

因风险或不可预见的事件，部门可能会在没有任何预知或计划的情况下遭遇意外，而这些变化可能导致预算超支。在管理预算时最困难的事情之一就是当出现问题时会产生额外支出，而且让人感觉好像无法控制事态以避免预算超支。可能有员工辞职或被迫离开组织，这使得预算中的人力资源部分减少。而在其他情况下，意想不到的业务变化可能带来更多的资源，从而使预算膨胀。我们如何对预算的变更进行管理至关重要。对于管理组织的整体财务状况而言，了解处理这些变更的工具和技能，使变更得到批准，以及对变更进行管理以维持现有预算，也至关重要。

控制预算

我们必须知道，预算可能很简单，也可能很复杂，这取决于预算所涵盖的内容。本章的重点不是建立预算或预算来源，而是预算的控制，因为在某一项目和部门中这通常更难做到。在考虑控制时，我们必须明白，经理在对预算负责时会发生两件事。经理必须报告他们的支出状况，并且他们要对其部门内的支出负责。

那些只需要报告预算支出的经理会觉得很容易，因为他们有好几个渠道可以从中获取信息，这其中就包括汇报会。会上，采购、财务、会计的发票和报告将显示部门内的财务状况。但遗憾的是，这只能向经理提供事后的信息，如果支出超出了原有预算，那经理将对此负责并需要回答支出与预算不同的原因。这使得经理举步维艰，经理还可能会感觉虽然他已经尽力，但他几乎或根本不能控制事态。他可能会觉得无力解决、缓解或消除问题，从而没有任何控制力。因此，本章的重点是帮助经理掌握工具和技能以控制预算，而不仅仅是简单地报告。

为成功控制预算，必须在控制机制中考虑五个必要领域。这五个控制要素如下：

1. 估算预算以创建基线；

2. 监督；

3. 测量；

4. 调整；

5. 核验。

预算估算

如前所述，用来估算预算的信息可以有两种不同形式。第一种形式涉及自上而下的组织理念，其预算来源于高层管理者，然后下发至各个经理用于他们自己的部门。这些信息来自制定此预算的上层管理结构，在大多数情况下，来自历史数据，但在某些情况下，来自管理经验。第二种估算形式则来自一种自下而上的估算类型，其信息通常来自部门内部，更准确和详细，且由经理进行编制，以用于创建预算。

预算估算应尽可能详细,以便经理查看部门或项目中的具体成本要素。成本结构中的细节越多,经理控制成本变化的方式就越多。

我们再来看看这两种形式:

- 自上而下——估算通常更为笼统,并且多在结构上进行划分,从而对部门内的花费产生一个"概览",但不一定包含多数经理所需的细节。
- 自下而上——估算中通常有更多细节,尽可能向经理提供有关采购和成本结构的信息,并让经理拥有最大的控制力。

无论何种情况,都会制定预算,并且经理必须在某种程度上坚持这个预算。如果经理具有自下而上的估算能力,或能够从部门内部进行成本估算,则应该充分利用这一点。我们可以从以下几个来源获取实际数据:

- 实际发票;
- 之前的历史采购记录;
- 实际员工成本;
- 分包成本;
- 采购合同。

部门内可能还有特定领域的专家可以提供一些见解,使经理能够取得更准确的成本数据。经理应从尽可能多的资源中寻求更多的信息，以便在制定预算时获得最准确的估算。部门经理甚至可能得到一些提醒或教训，从而对过去出现错误的采购、成本估算或合同问题有更深入的了解；这可以帮助经理避免再次犯同样的错误。这些都是有价值的信息，因为它们有助于减轻或消除预算中可能存在的风险，从而避免超支或重复过去的错误采购。

这些详细信息同样揭示了可能增加部门成本的风险项目及不确定性，使经理有机会在成本估算中留有余地，以便在风险真正发生时仍能够从预算中支取足够的资金。这样的话，经理估算的预算就可以允许不确定性和风险的存在。因此，如果经理已为预算范围内的风险留有余地，那他在报告预算状态时，在预算中也会体现风险可能发生的时间点。这样，经理就拥有了控制预算的能力，而不再是简单地报告预算超支的风险。

强力工具

对风险进行正确的成本估算和预算是经理实际控制预算的第一步。

了解预算数字的准确程度非常重要，这将表明估算时留有多少余地。有一些保留项目可能来自已知的历史问题；而其他项目则可能仅用于防范潜在风险。对风险进行规划但不使用额外的预算往往胜过未规划而造成预算超支的后果。

> **强力工具**
>
> 当风险都包含在预算范围内，且能够提交稳定的预算后，经理就会觉得他对预算拥有了更多的控制权。

如果风险已纳入预算但没有发生，则会显示经理预算过高。经理也需要小心这一点，因为在有些组织中，年度预算审批是基于经理能够在多大程度上坚持预算，包括预算过高和预算过低。

在有些情况下，如果没有足够的资金支出，组织则可能削减预算。经理需要证明做出该成本预算所考虑的因素是基于先前部门内的常见风险事件，且经理负责在预算范围内承担风险。还应该指出的是，经理应该尝试说服决策者接受这种类型的估算，因为它确实能够对预算做出更准确的预测。对大多数组织而言，在预算之内好过超出预算。而对经理来说，重要的不仅是关注细节，还需要制定出应对风险的方案。

创建基线

在学习如何控制预算时，经理所需的最重要的工具之一，就是一种可以衡量实际发生事项与计划事项有何差异的方法。第一步是准确地估算将用于建立预算的成本。在对预算进行估算后，可将成本估算范围内的初始估算值作为基线。基线只是制度预算的起点；在尚未进行任何实际采购之前就要列出所有成本项目。

> **强力工具**
>
> 基线是一个非常重要的工具，经理可以使用它与原始估算

进行比对，跟踪预算控制情况。

这就是为何基线如此重要——它为经理提供了一种对部门支出进行监督并通过比对了解工作进展的方法。几十年来，项目经理一直使用基线作为控制项目成本的主要武器。经理可以根据实际支出与原始的基线估算值之间的差距来确定需要采取哪些控制措施。在对预算进行持续监督和比对时，就可以对预算支出进行实时评估，并针对可能需要调整的支出及潜在问题为经理提供最快的指示。

有些组织会在年初为部门设定运营费用的年度预算。有人可能会问，如果为全年的运营建立了基线，那么是否允许在预算范围内进行变更；答案应该是肯定的。如果答案是否定的，则意味着全年无法更改预算，那么经理必须利用其他控制工具来保持部门的预算支出。如果组织允许在年内对预算进行更改，则可以更新预算，并允许经理更改基线以反映这些变化。

> **警告**
>
> 组织如果允许更改预算，也不应该因成本超支而频繁重置基线，因为这样做的话在与原始预算进行比较时会让人对实际支出情况产生错误的印象。只有当人员配置或资本设备等领域发生长期变化而对预算产生重大影响且无法控制以维持基线时，才应该对基线进行调整。

基线是经理用于了解何时以何方式控制预算的最好的工具之

一。基线的变化越少越好，因为它应反映出计划支出与实际的实时支出进行对比时的准确情况。保持基线的完整性将确保控制预算的努力是合理的，并体现出实际需要施加多少控制力。使用基线工具可帮助经理控制成本并节约组织资金以保持预算。

监督

在估算出预算并设定基线后，就可以使用基线来对比计划支出与实际支出，这就需要建立一套监督系统来收集实际支出的数据。这很重要，因为如果经理没有关注实际采购的内容，他将无法知道是否需进行更改或是否需要施加控制。经理需要对包括监督预算在内的许多事情负责。正如本章开头所强调的那样，对预算的监督不仅仅是报告正在发生的事情，还需要实际控制部门的支出。

预算到位后，部门经理必须对采购、花费以及员工工资进行实时监控。这很重要，因为我们需要将这些信息与基线进行比较，以确定是否需要做出变更或调整来维持预算。经理必须充分了解预算，以确定需要获取哪些有关采购、花费和工资的信息以及在何处获取此类信息。监督的形式可以是汇报会、每日或每周更新电子邮件，或实地到访采购和费用发生的领域，以便在需要时获取信息。

强力工具

经理必须设定一个定期监控的实时预算信息流与基线进行

比较；这为经理提供了最及时的问题指示和解决问题的最快响应时间。

监督时将对支出情况进行两方面的审查：

1. 监督正在进行或已经发生的采购和费用；

2. 监督未来的计划支出，以确保其按计划施行，并防止任何计划风险或潜在问题。

在对目前正在发生或已经发生的支出进行监督时，需要对支出是否符合预算以及是否需要进行损失控制做出评估。这可能需要对即时采购进行调整或变更，以控制任何可能产生的问题和/或通过控制未来的支出来避免问题出现。

强力工具

我们还需要对未来的计划支出进行监督，以确定是否存在迫在眉睫的问题或是否需要排除已识别的风险。这种层级的监督十分重要，因为它可以利用基线缓解问题，即进行主动管理，而非被动管理。

测量

在监督过程中，经理将从各个支出领域收集所需的一切数据。通过定期收集所得的实时数据可用于两方面：

1. 记录实际采购和费用；

2.将实际数据与基线进行比较,看是否需要进行调整,并向高级管理者报告预算支出情况。

将测量的实际支出与基线数据相比,可以揭示出所需的控制量。在测量过程中,我们用到的主要工具就是与基线数据的比较。根据部门的复杂性和结构,某些项目可能会在没有预先通知的情况下迅速发生变化,所以需要更多的监督和测量。而其他项目可能不会或不常发生变化,因此只需根据其发生变化的频率进行相应的监督和测量即可。与成本估算一样,实时数据的测量需要与基线一样准确,才能进行有效的比较。

详细的成本估算和广泛的实际成本测量并不会在与基线进行比较时得出更准确的信息。测量的准确性主要取决于原始估算及基线的准确程度。在收集信息时,如果你使用的是二手或三手信息,必须小心谨慎,因为这可能也是一个风险领域,可能导致我们取得的实时信息不准确。在收集有关单个成本项目的实时信息时,请确保其中包含了原始成本要素所包含的所有内容。例如,如果某个项目的原始成本估算中包括交付费用、销售税或特殊条件,那么我们应该对采购内容进行评估以确定哪些费用是"实际"收取的。经理必须尽力获取第一手资料和最准确的信息,以便与原始估算或基线进行比较,从而更准确地衡量预算中的支出情况。

调整

预算控制的其中一个关键点是能够进行适当的调整,使超出预算的部分恢复正常。一些经理可能认为，控制预算仅涉及采购的审批。虽然它确实是控制预算的组成部分，但也存在其他更有效的控制形式。如果在对采购和花费进行监督和测量的过程中，你发现一个刚出现的重大问题，则应该做出调整，使支出尽量回归原始估算或基线。这是预算控制行动的组成部分；它不仅可以认定超出预算的项目，还可测量超出预算的范围。如果它不在基线范围内，你就需要采取措施让它向基线靠近。

在运营中控制成本的技巧包括如下：

1. **评估定价**——选择最佳定价，还是合格供应商列表。根据组织对合格供应商的审查严格程度，可能会有一些未达到合格供应商标准的厂家能够提供更优惠的价格，而它们仅仅只是未达到资格要求而已。如果组织具有非常严格的资格认证流程，那这个决策过程会困难重重。但是，做一番尝试总归没有坏处！

2. **确定所需规格**——为确保采购员了解他们所要采购的货品，必须正确地制定规格、要求和采购范围。如果不留心细节，那么在所到货品不符合要求时就会产生不必要的问题。可能会出现退货或者更多延误，而这一切都需要耗费时间、资源和金钱。

3. **了解谁有权采购**——在进行关键采购时，必须确保采购者受过培训且有资格进行采购。有些采购可能需要进行特殊谈判或签订合约，而其他采购可能只需要知道哪里可以获得最佳定价或满足装运要求。

4. **制造或购买**——了解是利用内部资源还是外部资源来获取所

需货品十分重要。从外部购买货品通常被认为更昂贵，但只有当内部资源能够更快速地制造出更廉价的同等质量货品时，才能不用考虑外部资源。在某些情况下，内部资源不可用，而外部采购是必需的。当内部资源不够用时，考虑到时间、缺乏工具、缺乏经验，以及为完成某些工作所需的返工流程，这可能会使我们在使用内部资源时花费更多。这也适用于使用分包方式来执行流程的情况。是选择内部员工还是外部人员来满足这一需要取决于流程需求和资源分配。

进行调整是为了解决超出预算的成本因素。当专注于推高成本的因素时，我们可能会被带入成本的间接或外围影响的其他领域，并可能以意想不到的方式进行调整。这样调整时，经理需要跳出思维定式、发挥创意，并了解超出预算的项目；还要求经理对可能会影响可调成本的项目周边事物有所了解，从而使成本尽量回归基线。

除简单成本外，经理若想对某些事项进行全面审查，就应当提出以下问题：

- 是否列出了推动实际所需成本的所有具体要求？
- 选择就近的供应商以减少运费，还是根据采购类型选择可免费送货的供应商？哪种更有利？
- 安排定期发货是否可以根据较大的采购量获得批量定价，但会受制于交期？

在评估所需人力资源的数量和类型时，经理应密切关注流程的复杂性及执行流程所需的技能。技能不熟练的人员可能需要更多时间来执行任务，并且从长远来看，会比那些技能更娴熟、更有经验、能够在更短时间内以更高质量完成工作的人员花费更多金钱。我们应当始终将这类人力资源纳入考量，以提高部门效率并完成所需流程。如果一个技术水平较低的人能够以较低的成本很好地完成流程，那么将更昂贵的高技能人才分配给该流程就可能大材小用了。

经理还应对承包人的使用情况和合约的订立情况进行监督。雇用分包商在部门内完成一部分工作可能会产生与特定工作水平相关的合同成本，但可以重新对合同进行协商以变更部分工作内容，或雇用不同的承包人以更低的价格完成工作。部门中的部分人员可能需要暂时撇下自己的任务去与承包人合作，因为他们不得不帮助承包人，所以间接推高了部门成本。

在查看预算并对采购内容进行监督时，经理可以对采购细节进行审查，在购买前提出问题，并在机会允许的情况下于采购之前做出调整。只要提出问题，就能在采购之前明确需要采购的内容及其责任，以避免超支。这也使经理能够更好地控制支出和预算。它可能不会降低任何物品的成本，却能够确保部门内发生的采购和费用都是合理且最具成本效益的。

这就是为什么监督和测量是经理的重要工具，因为它们有助于经理了解如何更好地控制预算。在拥有这些工具后，经理就可以获得他们所需的信息，对采购、合同和人力资源分配做出前瞻性的和准确的评估，使之符合部门的目标，并匹配部门预算中的估值。当经理们能够在事情发生前做出调整并看到他们的行动成功地维持了预算，就会对他们的控制力更有信心。

核验

下一个也是最后一个步骤是，对调整进行核验并对其是否真的能完成或实现目标进行确认。核验虽然看似不必要，但实际上非常重要，因为它可以帮助经理真正理解调整对预算产生的结果或影响。与监督和测量时经理根据基线验证预算中的成本非常相似，核验也是为了确保他们所做的调整能够产生预期的结果。经理对调整进行核验十分重要，原因如下：

1.经理可以看到实际的调整数量，以及它们是否成功实现了经理试图降低成本的目标。

2.经理可以确信他的调整策略确实有效。

3.经理可以看到他所做的调整是否只对需要降低成本的项目产生影响，而未对预算内的其他内容产生涟漪效应。

对经理而言，重要的是需要了解调整的方式，并适应主动或被动地进行预算控制。对调整进行核验可以使经理就真实做出的调整和实际节省的成本获得直接反馈。核验在帮助经理解释调整的实施方式及其原因时也是一个必要的工具，它能够显示出经理控制预算的能力。

合同

合同在组织中广泛使用有几点原因。合同可用于雇用长期或临时的人力资源，可用于与供应商订立协议，或获取分包商提供的服务。合同通常具有法律效力和约束力，所以合同起草人必须了解合约类法律文件中不同类型的合意、细节和限制规定。虽然其法律专业性较强，但合同在确立和保证产品、服务、定价以及平衡风险方面是绝佳的工具。

有各种类型的合同，最常见的是固定价格合同。它代表双方就交付物达成一致并确定价格。这使得生产交付物的一方需要就合同中约定的价格承担大部分风险。

> **强力工具**
>
> 合同不仅可以使经理在估算时受益，还有助于控制预算项目，因为合同定价一般不做更改且不受影响。

其缺点是合同具有严谨的特质，经理无法进行必要的调整以控制预算。其中一个主要问题是如何在必要时终止合同。双方必须在签署合同之前，确信合同中达成的合意符合它们的最佳利益。一旦合同签订，退出合同就是违约。这就意味着一方不履行其合同义务，另一方要求终止合同。

经理必须知道，即便合同条款不合适，他们也不能随意中止合同——合同是具有法律约束力的协议！如果合同涉及分包商、设备租赁，或预算内所需物料的采购，经理则应密切关注这些项目，因为一旦签订合同，即使可通过变更流程进行变更，也难以取消合同。

在进行控制或调整时，经理可以考虑通过变更流程来改变合同条件，以确定是否可以降低既有协议中的成本。这样做的原因可能是发现交付物发生了变化，或者可以用更低的价格取得物料并商定新的合同价格。经理可能无法对既有合同进行更改，但可将此信息用于未来的采购。经理可以对尚未进行的采购进行评估，并尽可能在预算内削减成本、提高效率，以抵消已购买的物品中超出成本的部分。这是经理可以再次控制预算的另一个重要工具。控制意味着做出更改和调整，以使预算保持原始估算值。如果无法对已经购买或受合同约束的物品做出更改，则可以对尚未购买的物品进行更改。这再次要求经理跳出思维定式，并审查整个预算调整范围。

评估过去的支出以确定问题所在，然后在预算中进行先行调整，是另一种主动的方式，可以帮助提高某些采购的效益或重新评估合同或协议。合同也可以通过对"制造或购买"决策的转换来调整预算，从而在事实上降低任务或项目成本。对组织而言，这是个有趣的评估领域，因为许多组织会发现它们内部没有可以用于完成工作的资源或物料，而必须从组织外部通过合同或购买来满足这种需求。

在其他情况下，组织拥有所需的人力资源、物料或设备，能够在组织内部以较低成本完成任务，而不必向组织外寻求帮助来满足这些需求。在预算方面具有前瞻性的经理能够对"制造或购买"情况做出评估或分析，从而可能帮助其改进预算。这也会让经理在资源的能力和可用性之间做出评估。在评估成本削减方案时，有时可能在组织内完成工作会更合算，而其他时候从外部寻求资源可能会更合算。但无论何种情况，都应进行全面分析，以了解应如何对这些类型的采购预算和合同需求进行改进。

结论

如你所见，经理在部门内有责任了解预算的制定方式，他们自己是否参与了预算制定，以及如何建立监督系统，以便看到各预算领域发生的事情。经理还应知道建立预算参考或基线的重要性，并将其作为衡量和比较实际绩效的工具。然后，经理需要监督并收集与费用、采购和合同相关的实际数据，以便与基线进行比对，从而确定支出是否在预算内或者是否需要施加控制使成本恢复预算范围。根据对实时数据与预算计划比较后所做的评估，经理可以从两个不同角度进行调整：

- 在被动模式中——经理进行实时调整或查看采购情况，以了解是否有任何事物可以重新协商、停止或重新购买，从而修复超出预算的部分。这更像是一种损失控制的方法。
- 在主动模式中——在预算范围内，经理应具有前瞻性，分析是否有取得更好成果或花费更少成本的方法。这为经理提供了更多的权力和控制力，因为在事情尚未发生时，就可以做出改变来避免出现问题或者仅仅是做出了更好的选择。这更像是一种避免损失的方法。

无论何种情况，经理都应该知道他拥有这些工具，不仅可以制定预算，也可以对成本进行监督和分析，以确保符合预算。

> **强力工具**
>
> 知道预算可控，会给经理带来一种不再只是报告预算结果的归属感和费用掌控权，从而全力控制支出、保持预算。

制定预算、监督、测量、调整、核验都是控制预算的一部分，是经理在部门预算方面拥有的最强大的工具。

强力工具汇总

- 经理应努力在制定预算的过程中发挥作用，因为这不仅可以让经理输入更多准确的信息，还可以让经理更好地了解预算的运作方式并对预算有种归属感，从而有助于制定预算。
- 对风险进行正确的成本估算和预算是经理实际控制预算的第一步。
- 当风险都包含在预算范围内，且能够提交稳定的预算后，经理就会觉得他对预算拥有了更多的控制权。
- 基线是一个非常重要的工具，经理可以使用它与原始估算进行比对，跟踪预算控制情况。
- 经理必须设定一个定期监控的实时预算信息流与基线进行比较；这为经理提供了最及时的问题指示和解决问题的最快响应时间。
- 我们还需要对未来的计划支出进行监督，以确定是否存在迫在眉睫的问题或是否需要排除已识别的风险。这种层级的监督十分重要，因为它可以利用基线缓解问题，即进行主动管理，而非被动管理。
- 合同不仅可以使经理在估算时受益，还有助于控制预算项目，因为合同定价一般不做更改且不受影响。
- 知道预算可控，会给经理带来一种不再只是报告预算结果的归属感和费用掌控权，从而全力控制支出、保持预算。

// 第 7 章

不要惧怕风险

今日运营风险

运营经理面临着许多挑战,需要制定计划或进行应对,包括在部门内部对常规流程和特殊项目进行规划,以及对部门将要开展的新项目进行规划。经理可能为了解决来自四面八方的问题而殚精竭虑。管理层难以在这方面进行培训或做好准备,因为问题可能是无法预测的,而根据问题的大小和复杂程度,解决方案也各不相同。

虽然问题是不可避免的,但经理不应仅仅因为其难以捉摸的性质而惧怕问题。通常,经理都不喜欢遇到问题,原因主要有两点:造成成本、进度或质量损失;为解决问题需制定应对计划或对问题缺乏应对计划,以及各自所产生的需求。当出现问题时,经理需要在损失控制方面做更多的工作,这使本来就十分繁重的工作雪上加霜。当我们审视问题时，首要解决的就是这些问题未经规划的事实，这就是为何它们会给经理带来压力。

由于可能出现问题，项目经理在监督项目时负有相同的责任，但他们可以使用工具对风险和应对问题的方式做出预案。项目经理还会将此作为项目的文化，以便所有人都了解规划和解决问题的工具和技巧。

错失机会

建立组织的主要目的就是对特定市场内要提供的产品或服务机会做出反应。有趣的是，创建组织的性质本身带来了风险和失败的可能。但这并没有阻止组织创始人在对组织的创建和发展进行投资时承担风险。在某些情况下，针对问题采取行动可以为组织提供可利用的机会，从而产生新产品或服务，或者简单地提高运营效率。经理在履行职责时都需要拥有这样的心态。存在问题意味着可以为新事物提供机会，也意味着可以对其职责范围内的相应领域进行改进。

纵观历史，许多不同层面的组织都充分利用了组织中出现的问题，为自身带来更多益处。这可能涉及新产品的推出、工程实验室的失败尝试所产生的新工作方式或是专利，或是问题中揭示的可予以改进的业务隐藏因素等。有一点是肯定的：当出现问题时，管理层会对问题做出反应，这就体现了组织在问题处理上的成熟度、专业性和经验。

强力工具

当经理接受培训和教育,知道如何识别问题并做出规划时,他们就可以采取主动模式而不是被动模式。

主动与被动

在诸多事项中,负责运营管理和部门管理的人员都需具备规划方面的知识和技能。根据定义,规划是一种确定任务并进行安排的主动方式。经理在负责多项流程时,首先必须确定流程所需的各种资源,然后才能在流程中安排各项任务。其中包括人力资源、资本设备、办公室或仓库、制造资源,或执行流程过程中所需的任何其他事物。在完全确定资源之后,为了完成流程,经理必须对这些资源进行安排。这是经理的主要职能——识别、规划、安排。通常,对目标有清晰的理解也是经理承担责任的一部分。这是他们主动承担责任的方式;他们已经确认了需要完成的工作并制定了用于实施这些行动的计划。发现早期问题并制定出能够产生预期结果的应对计划,也是经理主动应对风险的体现。

被动履行职责并不符合经理的最佳利益。这表明没有对正在进行的流程进行规划,或没有对资源进行安排,或没有目标。这种方式很荒谬,因为没有规划,经理会把所有时间花在流程要求的应对上。不幸的是,事实上,这就是许多经理面对问题的方式,未能事先对问题做出识别和规划。

> **强力工具**
>
> 对问题做出规划是一种积极主动的方式，而在问题发生后做出应对则是风险管理的被动方式。经理如何应对问题很大程度上取决于组织在风险准备方面的文化。

风险准备文化

组织创始人创建组织就意味着冒险，它天生就是组织文化的一部分。同样地，对那些很可能发生并且会对运营产生重大影响的特定问题进行规划也是组织文化的一部分。对大多数组织而言，该文化仅停留在创始人层面，而其他管理人员并未接受相关培训。这是不幸的，因为只有对潜在的严重问题进行规划，创始人才能够继续发展组织，但这种规划并未成为中层管理者在日常运营中的一部分，于是，或大或小的问题仍然不断困扰着组织。

这种风险管理培训既不困难也不耗时，只需要经理掌握一些基本的工具，知道如何对风险和问题进行规划。风险准备应该成为当今组织文化的一部分。

> **强力工具**
>
> 对问题做出规划能够使经理们在对流程进行日常监督时更具信心，他们知道已经针对潜在问题制定了解决方案。这也使经理们开始履行他们可能需要承担的新职责，因为他们现在拥有了一个能够帮助他们对问题进行规划的新工具。

这就是在组织内培训和实施风险管理文化的方式，它能够提高组织管理者的信心和效率。当我们进行风险管理并让其他人看到问题规划带来的成果后，就会使其他管理人员也开始使用这种方法，于是它就成了组织文化的一部分。

业务成本

虽然风险不仅是组织成长中的一部分，也是日常运营管理的一部分，但其中许多风险都是可识别和可规划的。同样重要的考量因素是，突然出现未曾识别的问题或者问题已识别但仍然发生了并且有待处理的情况。在风险管理方面，已经做出最佳规划的经理也无法完全避免这些问题。风险管理更多的是识别风险并预做应对，而不是消除风险。正如你将在本章中看到的，你可以通过多种方法对问题做出反应，但其中大部分会在一定程度上影响运营。这当中就包括对总体业务成本的影响。

当经理制定预算时，他们会估算其部门内部执行流程所花费的成本。在某些情况下，这些成本可能包括额外的开销——返工以及为确保流程完成而支出的任何额外成本。这些预算还将包括，在那些影响预算的问题出现时，为了应对问题而分配的资金。如果为预防某些潜在风险而提前分配资金，则只有在问题实际发生时才需要用到这些资金。经理应该会希望能够实现这种规划，因为它可以确保经理们保持预算，且为可能发生的潜在严重问题分配额外资金。

> **强力工具**
>
> 对风险进行预算可以使经理对保持预算更有信心,并且能够为潜在问题预留资金。

组织内的多数财务经理也希望实现这种规划,以期能够更好地计划运营费用。虽然运营经理和中层管理人员都会提交财务规划预算,但这些预算很少包括他们为规划中可能发生的严重问题预留的应急款项。而后者所展现的规划水平能够体现更高的组织成熟度,并能更准确地估算业务成本。

风险与不确定性

当我们对潜在问题进行更仔细的评估时,我们会发现问题可分为两个主要类别:可识别的问题和不可识别的问题。经理通常会听到诸如"它就那么发生了""这是前所未见的""这是意想不到的""这只是时间问题"之类的评论。虽然那些遇到过问题的人可能有正确的认识,但也确有可能是事先已经对这些问题进行了识别和规划,或这些问题是在没有预警的情况下发生的。

在执行流程时,可能会发生许多事情,它们可能会迟滞流程,造成流程中断或停止,或以某种方式影响交付或成果。如果执行这些流程的员工、其他相关人员或者某些领域的专家能够遍历流程的组成部分,就可以识别潜在问题。

在大多数情况下，经理和员工可以制作出一份详尽的关于潜在问题清单，其中包括各种发生概率和对流程的影响。其中也可能包括大量现实中可能发生并会造成影响但难以察觉的问题。这些问题可被分为两个主要类别：可识别的问题，也称风险；以及不可识别的问题，也称不确定性。

风险

风险包含可能产生不利结果的可识别问题。组织中的任何地方、任何层面都可以发现潜在问题。它们可能涉及部门内部执行的流程，人力资源问题，工程或制造问题，使用分包问题，以及管理和决策问题。风险大小可能不同；发生的概率或高或低；对运营的影响可能很大，也可能很小。风险并不总是导致负面结果；它们也可能是个意想不到的机会。

由于这些问题是可识别的，我们就可以对其发生概率及影响进行分析，并形成一个应对计划。作为应对计划的一部分，应急工作也应纳入财务考量和进度规划。这对经理在估算预算和资源分配方面都有很大帮助。本章下一节将对制定风险管理计划的方法进行介绍。

不确定性

简单地说，不确定性就是意想不到的结果。不确定性的类型多种多样，它可能是未规划流程的组成部分，或带有"天意"的成分。

不确定性通常伴随着意外——一些完全出乎所料的事情。举个例子，就像夏天在沙漠中盖房子，却因出现雷暴造成了损失和延误。如果这是在冬季发生，这可能会被认为是一个潜在问题，但这个问题在夏季则不会被视为威胁，因此未能识别。虽然理论上我们可以列出真实世界中存在的每个潜在问题，从而消除所有不确定性，但这对于进行风险管理规划的经理来说是不切实际的。因此，不确定性可被理解为发生概率极低的问题，如果它们发生了就将被视为意外。

风险管理规划

在为潜在问题做准备时，经理必须制定计划，解决那些可能发生的并有一定严重程度以至于可能影响进度、预算或交付成果的问题。在制定风险管理计划时，运营经理需要考虑五个基本领域：

1. 识别风险；
2. 分析风险；
3. 制定应对计划；
4. 监督和控制；
5. 审计和审查。

> **注意**
>
> 在项目管理中，风险管理计划有五个步骤：风险规划、识别、定性、定量和风险应对规划。虽然这些内容对项目管理而

言更为具体，但它们也包括在前述运营风险管理领域中。

识别并记录风险

制定风险管理计划的第一步是识别和记录潜在问题（风险）。这是重要的第一步，因为经理可以通过这种方式收集与潜在风险有关的初步信息。

> **强力工具**
>
> 信息的准确性和完整性对于制定潜在风险的有效计划至关重要。

我们建议经理列出他们希望在其部门内进行风险管理规划的各个领域。在运营管理中，经理最好能够为部门内的特定流程制定更多的个性化计划，而不是用一个大计划涵盖所有领域。这样可以更轻松地对风险应对计划、监督情况和突发事件进行管理。这还有助于管理者仅对特定流程的风险进行识别，并使计划的范围与该流程保持一致。

> **警告**
>
> 经理必须清楚哪些流程中的哪些风险正在被识别，并且必须确保风险规划保持在经理识别的范围内。

风险识别是一个积累有关潜在问题信息的过程，它将给经理带来五个关于风险的基本问题——三个风险识别问题和两个风险分析问题。以下是风险识别中的三个基本领域：

1. 谁——由谁来识别，通过谁来获取信息？

2. 什么——会有什么样的风险，风险的来源是什么，其潜在影响和发生概率如何？

3. 何时——预计何时发生风险，从而可以准确地规划和安排资源？

谁

经理首先需要确定参与制定风险管理计划的人员。经理可能是唯一承担此项工作的人，或者经理可以寻求部门中其他人的帮助，以收集信息、进行分析，并制定整体管理计划。这一点至关重要，因为那些为经理提供帮助的人需要了解制定风险管理计划的目的，只有这样才能使他们收集和分析后的信息有助于减轻或消除风险。

这些人员应具备相应技能或能够从相关领域专家处准确地收集数据并为风险管理计划做简单的分析。因为风险管理计划只有当其所依据的数据具有一定的准确性时才能发挥作用，所以这些人员必须了解如何收集数据、如何询问问题，以及了解信息中细节的重要性。经理也可以在全部门中选择特定的人员进行有关风险信息收集和分析方面的培训，并指派他们不时承担这方面的工作。本章稍后将在"分析、分类和确定风险优先级"部分介绍这些工具。

"谁"的第二部分指的是应该从哪些人员处获取准确信息。如果经理正在收集有关流程的信息,那他必须查看流程的制定方式和详细信息,以便尽可能了解谁对与该流程相关的问题最有发言权。经理应该从执行该流程的人员处寻求第一手资料以及潜在问题的详细信息;此外,还应当从其他制定该流程的人员处进行了解,例如制造或流程工程师,或部门内的职能经理等,因为他们可能知道何处存在潜在问题或过去发生过的问题。

在制定流程的过程中,确实会出现问题,并且为了消除这些问题,会对一些流程做出改进;这些做出改进的人也会知道这些经改进的环节是否仍然存在潜在风险。如果使用了分包方式,则从分包商那里可以获得有关潜在问题的大量信息,而我们可以将分包商视为这一领域的专家。承包人通常被视为专业人士,他们的知识和经验不仅限于所承担的工作,也涉及潜在风险,而我们正是基于这一事实来雇用他们的。

什么

经理需要考虑的第二个领域是"会出现什么样的潜在问题"。这需要经理跳出思维定式,并且在收集信息时,发挥想象力,了解各种潜在风险。为实现这一目标,经理需要在信息收集过程中从相关人士处获取尽可能详细的有关潜在风险的信息。因为通常在收集过程中都会关注那些高概率且较严重的风险,所以经理们应该在可能的情况下鼓励相关人员提供有关中低风险的信息。

在项目管理中,一般我们认为,仅仅将风险按照概率或严重程度进行划分，并不意味着这种分类不会在项目过程中因其他影响而有所变化。这就是为什么我们应该识别所有级别的风险，以便按概率和严重程度对它们进行分类和排序。这样即使概率和严重程度在今后或在不同情况下发生变化，我们也可以提前进行规划。

何时

经理需要考虑的第三个领域是"何时可能发生问题"。这同样重要，因为经理不仅需要知道问题是什么，还需要知道问题何时发生，这将对应对计划起到重要作用。问题的发生时间也可以是其对流程或部门内部影响的函数。例如，导致当天某个时间点网络停机的软件问题可能只会影响几个流程，因此严重程度最低。但如果在关键应用程序运行过程中出现同样的网络问题，则影响程度可能更高，因此也更严重。具有相同发生概率的相同问题可能会根据其发生时间不同对运营产生截然不同的影响。

然后，经理必须依靠工具来了解与时间息息相关的潜在风险可能会对运营或流程产生怎样的影响。其中一个工具是流程文档，它概述了流程中的步骤，可以根据不同发生时间揭示出潜在风险的严重程度。如果风险识别的范围更大，那么像工作分解结构这样的工具可能有助于经理在潜在风险可能发生并造成相应影响的数天、数周或数年当中识别潜在风险。表 7.1 和表 7.2 展示了工作分解结构如何在特殊项目或正常流程中体现潜在风险的例子，为经理提供了风险规划的方法。

表 7.1 带风险规划的项目工作分解结构

任务编号	WBS 代码	项目任务	工期	前置	资源
1	1	项目名称	共 33 天		
2	1.1	子任务一	小计 14 天	名称	
3	1.1.1	下层子任务或工作包	2 天	名称	
4	1.1.2	可能发生的风险事件	延误 2 天		
5	1.1.2.1	下层子任务或工作包	7 天	3	名称
6	1.1.2.2	可能发生的风险事件	4 天		
7	1.1.3	底层工作包	延误 1 天		
8	1.2	下层子任务或工作包	3 天	5	名称
9	1.2.1	子任务二	5 天	6	名称
10	1.2.2	下层子任务或工作包	小计 8 天		
11	1.3	可能发生的风险事件	5 天	7	名称
12	1.3.1	下层子任务或工作包	延误 1/2 天		
13	1.3.2	子任务三	3 天	9	名称
		下层子任务或工作包	小计 11 天		
		可能发生的风险事件	7 天	10	名称
		下层子任务或工作包	延误 3 天		
			4 天	12	名称

表 7.2 带风险规划的流程工作分解结构

任务编号	WBS 代码	运营流程	工期	工期（带风险）	名称
1	1	流程名称	共 33 天		
2	1.1	子任务一	共 7 1/2 小时	共 8 3/4 小时	
3	1.1.1	子组件一	2 小时		
4	1.1.2	可能发生的风险事件	延误 45 分钟		
5	1.1.2.1	次级任务	3 小时		
6	1.1.2.2	可能发生的风险事件	1 小时		
7	1.1.3	次级任务	延误 30 分钟		
8	1.2	子组件二	30 分钟		
9	1.2.1	子任务二	1 小时	共 9 小时	
10	1.2.2	子组件一	共 7 小时		

经理可使用的另一个工具被称为网络图。它也展示了流程步骤或任务的顺序,以及潜在风险可能发生之处,以帮助经理了解这些风险的严重程度和影响力。图 7.1 展示了网络图的使用方式,它不仅可以用以识别可能发生的风险事件,还可以用以对其进行规划。

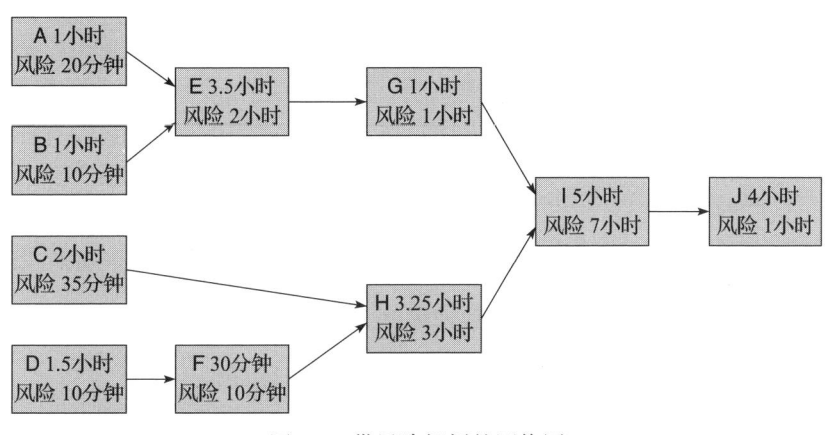

```
A 1小时              E 3.5小时       G 1小时
风险 20分钟    ──▶  风险 2小时   ──▶  风险 1小时
                                                      ╲
B 1小时                                                 ╲
风险 10分钟   ──▶                                       ▶  I 5小时      J 4小时
                                                      ╱    风险 7小时 ──▶ 风险 1小时
C 2小时                                                 ╱
风险 35分钟   ──▶    H 3.25小时  ──▶
                     风险 3小时
D 1.5小时       F 30分钟
风险 10分钟 ──▶  风险 10分钟
```

图 7.1 带风险规划的网络图

强力工具

如果识别了潜在问题并制定了应对计划,经理将对日常运营更有信心。

这看起来是一项额外工作,而且在许多情况下并不是必要的,但是一旦经理们体会到了这种通过对潜在问题进行规划并实现其目标所带来的力量,就会知道拥有一套准备计划的感觉有多棒。

分析、分类和确定风险优先级

在识别风险后,必须对风险进行分析,以确定其发生概率以及对流程或部门的影响。风险分析的过程可以分为两个主要领域：

- 定性——更笼统、非数字、主观；
- 定量——更具体、数字、客观。

在定性的风险评估中，可能使用更为笼统的形式以不太特定的术语收集有关特定风险的信息，如高、中、低、冷、热、好、坏、通过、未通过等。虽然这些描述足以让人们理解风险，但它没有任何数值，因此在阐明风险属性方面更为主观。在某些情况下，这可能已经是所有可用于风险评估的信息。根据与风险相关的流程或环境的规模和复杂程度，进行这种级别的分析可能合适，也可能不合适。在不太复杂的环境中，采用较笼统的定性评估可能就可以了，因为它能提供快速的基本评估。而在更为复杂的环境中或对运营更为关键的步骤中，就需要使用实际百分比和数字进行更深入、更精确的分析。

定量风险评估则更为详细、客观，通常会产生百分比或其他数值。如果可以获得这种级别的信息，则最好使用定量评估，因为它可以更好地做出应对规划并评估预算和进度的受影响程度。如果经理需要实际成本数据以及进度受影响的天数或周数，则需要通过收集原始信息来获取此类数据。

分类

在对流程中的多个风险进行分析后，经理需要对这些风险进行分类，可分为高概率和低概率，以及影响大和影响小。在大多数情况下，对于运营经理来说，这可能是一个相对简单的过程，制作一个矩阵即可获取定性或定量的信息，并根据概率和影响对风险进行排名。项目管理中用于执行此操作的一个简单工具就是风险矩阵。如表 7.3 所示，风险矩阵更多采用定性的方法，允许对风险进行分类，并有一个与之相关的基本排名，用于更好地理解哪些风险需要更多的关注。

表 7.3　风险矩阵

风险评估矩阵			
风险	影响	概率	总权重
延期交付	高	中	5
硬件交期长	中	中	4
缺乏资源	中	低	3
返工问题	低	中	3
	低 =1	中 =2	高 =3

确定优先级

在对风险进行分类并排名后，就可以确定风险的优先级，并以某种形式记录风险，使经理能够确定其他相关信息，如应对计划、突发事件以及这些风险的所有者等。获取所有已识别、分析、分类的风险信息并将其置于一个经理可以轻松对风险进行监督的位置，是风险管理中重要的一步。这也是经理可以用来有效地将风险管理计划传达给部门其他员工并对制造和流程工程师、质量工程师、财务、人力资源和其他管理人员提供支持的重要工具。

我们可以使用一种被称为"风险登记簿"的工具，在项目管理中确定信息的优先级并进行记录。该登记簿是可由管理者构建的另一简单工具，除了整体优先级和应对策略外，它还可以对每项风险的多条信息进行识别。表7.4所示的风险登记簿举例说明了经理可进行布置或查看的每项风险的相关信息领域。

经理可以根据流程复杂程度或所需的风险监督方案来定制自己的风险登记簿。除了风险名称以及与其相关的概率和影响外，其他各列可以包含早期指标或触发因素、风险所有者、预期时间表、应对计划，和/或突发事件，以及经理想要纳入的任何其他相关信息。

将风险记录在风险登记簿上，且不删除任何一个条目，对经理而言非常重要，因为任何风险，甚至是很小的风险，即使发生概率或造成的影响极小，也有可能产生威胁。如前所述，风险的概率和影响都可能变化，从而造成现有情况改变，并且需要将风险重新分类至更高的等级。

强力工具

经理需要继续监督所有风险，以确定是否有必要调换风险登记簿中的优先级。因此，风险登记簿是经理用于监督潜在风险的主要工具。

表 7.4 风险登记簿

风险优先级	描述	概率	影响	风险触发因素	应对策略	应急计划	风险所有者	事件记录日期	回复截止日期	实际回复日期	经理备注
5	延期交货	M	H								
4	硬件交期	M	M								
3	缺乏资源	L	M								
3	返工问题	M	L								

应对和应急规划

在风险都按优先级排列并记录在风险登记簿中之后，就需要对每项风险做出应对和应急规划。根据环境的复杂程度以及登记簿中风险的严重性和影响力，有可能只对中高优先级的风险制定实际的应急和应对计划。如果优先级较低的风险对项目的影响相对较小，则即使已识别这些风险，也可能不纳入考虑范围，它们对成本和进度的影响相对较小，但仍会作为风险被监控。对于具有中高优先级的风险来说，应对计划很重要，因为它将告诉人们在发现问题时应该采取哪些步骤。鉴于应对计划的重要性，以下列出可以应对既定风险的四种主动方式：

- **避免**——该计划确定了一种可以完全消除风险的替代方案。这通常是最佳行动计划，因为它消除了风险可能造成的后果以及与流程成本、进度或质量相关的任何影响。这可能需要跳出思维定式，以一种新的方式来消除风险；但也可能只对现有流程进行一个小修改，就可以避免风险。

- **缓解**——该计划只能降低概率或影响，而无法完全消除风险。为注定要发生的风险制定缓解计划，需要将所有重点放在准确执行应对计划上，使风险的影响最小化。

- **接受**——该计划适用于那些经过仔细分析和分类后根据严重程度断定影响不大的风险。"接受"意味着风险释放时无须任何应对方案或只需采取极少的应对措施，但我们仍需监督其严重程度，以便对优先级进行调换。在资源规划中为避免或缓解风险而造成的成本、进度和质量影响，会比简单地让风险释放出来花费更多。这种方式就是让经理自行选择，设计应对计划，权衡成本效益与风险的整体成本相比孰高孰低。

- **转移**——该计划将风险责任以及为风险做出应对和应急方案的责任转移给了第三方。这通常可见于使用分包商来承担其合同规定的履职责任和风险的情况。根据合同类型，任何问题、阻碍或成本增加因素都可由承包人承担。转移的另一种形式是，在重大风险可能对组织造成严重影响的情况下，组织可通过购买保险来进行规避。

应对计划中的另一要素是可识别的早期指标或触发因素，它可以帮助经理及早发现风险事件或迫在眉睫的问题。通常在向相关领域专家和直接参与该流程的人员收集信息时能够发现该要素。汇报会或者供应商、厂商的电话中可能会提供有关早期指标或触发因素的信息，在将要出现更大问题时，能够让我们发现关键的最初迹象。在可能使用机械设备的领域，"疲劳"的最初迹象，无论多么小，都可能是我们在问题全面爆发前需全部知道的，因为问题一旦爆发，就可能造成灾难性的损害或伤害。

当重型设备或机器出现最初迹象或触发因素时，在许多情况下，经理有时间通过变通方式或更换机器设备做出应对，直到出现问题的地方得到修复，从而最大限度降低成本和缩短停机时间。如果无法识别这些触发因素，可能会导致较高成本的解决方案，长时间停机，以及缺乏变通时间来对主要问题做出应对。问题的早期触发因素，无论多么微不足道或无关紧要，最终都有可能成为风险登记簿中最重要的信息之一。

在做出应对规划时，风险登记簿中有一列是选择风险项目所有者。每项风险都应该有一个了解风险细节并负责执行应对计划的风险所有者。这个人不一定是经理；在许多情况下，也可以是直接参与该流程的相关领域的专家或员工。对流程和潜在风险既有第一手资料也有直接了解的员工往往是识别早期触发因素或快速启动应对计划的最佳人选。如果某员工被确定为风险事件的所有者，那经理需确保将信息，包括已制定的应对计划和应急计划，传达给该员工。这使得该员工拥有了这项风险的所有权，并需要承担正确且完整执行应对计划和应急计划的责任。

应急计划

如果选择缓解、接受或转移的方式，则应急规划也是应对计划的一部分。应急计划通常是一个备用计划，是为了在风险发生时能够对资源进行分配，从而展开应对。如果将财务因素作为应对计划的一部分，那么财务部门需要知道在此情况下要用到多少资金以及何时需要这些资金。如果应急计划中需要人力资源或资本设备，则也需进行调度，从而能够使用它们有效地执行应对计划。制定应急计划并将其传达给风险所有者和组织内的相关部门十分重要。

强力工具

应急计划为经理提供了所需的应对工具，以具有成本效益的方式及时、自信地解决风险。

监督和施加控制

在对潜在风险进行识别、分析、分类和优先级排序，并制定应对计划后，经理就拥有了有效解决其部门内风险的风险管理工具。只有日常使用或在进行风险准备时用在需要进行风险分析的关键流程中，方能发挥此工具的效力。经理只有对部门活动和流程进行监督才能知道是否需要对风险做出应对。这要求经理建立一个监督系统，其中包括检测、早期预警触发因素，以及可以快速有效地将潜在风险信息传递给相应风险所有者和/或经理用于评估的沟通方法。

在建立监督系统并进行有效沟通的同时，经理还需确保风险所有者了解他们在既定应对计划和突发事件中的责任。在某些情况下，有效执行应对计划中关键的早期步骤对避免和缓解风险十分重要。

强力工具

进行早期检测是一种控制机制，旨在避免问题或对问题进行早期检测，从而避免或缓解风险。

这些控制措施至关重要，负责进行控制的人员也必须就风险管理计划的实施和重要性接受适当的培训。

执行审计和审查

经理需要知道风险管理计划是否有效以及制定风险管理计划所涉及的工作是否合理。这只有通过审计和审查来实现。审计和审查就是对部门所使用的应对计划和应急计划的有效性进行评估。经理还希望知道他们是否已对风险进行了正确识别、准确分析，制定了有效的应对计划，并在执行风险监督和应对计划时施加了有效的控制。经理应该对其部门内的流程和领域进行审查，以了解是否通过规划避免了相应的问题和风险，或者降低了成本或进度对部门造成的不利影响。

> **强力工具**
>
> 在正确制定并有效实施风险管理计划后，经理会发现它确实可以减少或消除一些潜在问题，降低成本并最大限度地提高效率。

经理还可以使用这类信息对流程进行评估，以做出改进。改进流程的方法包括降低被动成本、解决返工问题或者提高效率。更好的方法是主动对潜在问题进行评估，制定应对方案来避免这些问题，从而必然地实现了流程改进。这样的流程改进不仅可以降低成本，提高效率，还可以解决潜在风险。这种前瞻性、主动性的管理方法能够将经理的能力提升到一个新的水平。某位经理的反应时间和解决问题的技巧总是令人赞叹，但比这更令人钦佩的是，经理通过规划，只需做出更少的应对就能顺利完成流程！这使经理有更多的时间专注于管理和规划，而不是四处与问题奋战。

从经验中吸取教训

项目经理在决策时使用的最强大的工具之一就是来自过去项目的信息。一些项目经理使用来自经验的信息，一些经验较少或信心不足的项目经理则使用从已有项目或观察到的现有项目中获取的信息。经理们目睹了组织中发生的问题，这会起到警醒作用。拥有了过去问题的信息，我们应该如何处理呢？

了解发生了什么

风险管理计划的制定和实施有两个重要组成部分：

- 了解制定计划的重要性；
- 了解应对风险时所产生的信息的重要性。

组织犯错误、遇到问题，然后一遍又一遍重复这个过程，这种情况屡见不鲜。如果组织遇到问题、冲销成本、处理进度拖延产生的后果，而后却仍然坚持这种文化，被动地应对问题，而不是主动避免问题，这对组织来说是令人遗憾的。

一个未被许多组织纳入考虑的竞争优势就是避免问题或障碍的能力以及因此而节约的财务、日程和资源。当组织从开销和生产力两方面对其业务绩效进行审查时，往往能查明问题对运营的影响。而后，风险应对规划能够改善这些数字，并在避免风险或使风险最小化时，降低组织成本。

通过了解风险管理规划对提高组织绩效产生的影响，我们知道了如何建立一种组织文化。这就是为什么高层管理者应将其作为节约成本的方式来推动这一议程；并且我们也会在最终报表中看到进度和资源管理大大改善！高管们会因看到这些改进后的数字和类别而兴奋不已。

记录发生了什么

风险管理计划不仅要记录计划本身，还要记录所执行的任何应对计划或应急计划产生的结果。这意味着经理不仅要报告应对计划和应急计划是否取得成功，还要调整风险管理流程，使之能够产生更好的结果。与任何其他流程一样，风险管理规划也有流程制定要求。这就是为什么审计和审查过程是必要的，因为它们可以向经理提供与计划有效性相关的反馈。成功地传达应对计划和应急计划，能够使其他管理层和高级管理人员意识到使用风险管理计划方法的重要性，并对采用这一方法更有信心。

我们应该在风险事件发生时记录风险事件和应对计划产生的效果，将其作为经验教训记录下来供人参考。如上所述，组织应该有一种从错误中吸取教训并调整风险管理计划的文化,以避免同样的错误或问题重演。对实际风险事件的记录可以帮助经理对未来风险规划中可能发生的类似风险事件所受到的成本和进度影响进行更好的估算。这是识别和分析风险并制定应对计划的另一信息来源,可以帮助经理更好地了解在运营中风险可能的严重性和影响程度。

不要重蹈覆辙

对风险应对及应急计划和整个风险管理规划方法的有效性的有效沟通是风险管理规划中最后一个重要领域。只有经历了问题和风险并实施了应对计划,才可以主动避免问题和未来风险事件,这体现了组织有效应对问题的方法。让那些参与实际流程的员工亲眼看到潜在问题发生,才能帮助他们更好地了解流程并识别其他潜在风险。这反过来会促进风险识别和潜在问题的信息收集,还可以提高组织内对那些实际影响组织财务、任务进度、资源以及客户承诺的问题的相关认识。

强力工具

制定和实施风险管理计划的经理将更加适应部门内部的流程和活动,并可以自信地为任何潜在风险做好准备,通过减轻和消除问题显著降低成本。

强力工具汇总

- 当经理接受培训和教育,知道如何识别问题并做出规划时,他们就可以采取主动模式而不是被动模式。
- 对问题做出规划是一种积极主动的方式,而在问题发生后做出应对则是风险管理的被动方式。经理如何应对问题很大程度上取决于组织在风险准备方面的文化。
- 对问题做出规划能够使经理们在对流程进行日常监督时更具信心,知道他们已经针对潜在问题制定了解决方案。这也使经理开始履行他们可能需要承担的新职责,因为他们现在拥有了一个能够帮助他们对问题进行规划的新工具。
- 对风险进行预算可以使经理对保持预算更有信心,并且能够为潜在问题预留资金。
- 信息的准确性和完整性对于制定潜在风险的有效计划至关重要。
- 如果识别了潜在问题并制定了应对计划,经理将对日常运营更有信心。
- 经理需要继续监督所有风险,以确定是否有必要调换风险登记簿中的优先级。因此,风险登记簿是经理监督潜在风险的主要工具。
- 应急计划为经理提供了所需的应对工具,以具有成本效益的方式及时、自信地解决风险。

- 进行早期检测是一种控制机制，旨在避免问题或对问题进行早期检测，从而避免或缓解风险。
- 在正确制定并有效实施风险管理计划后，经理会发现它确实可以减少或消除一些潜在问题，降低成本并最大限度地提高效率。
- 制定和实施风险管理计划的经理将更加适应部门内部的流程和活动，并可以自信地为任何潜在风险做好准备，通过减轻和消除问题显著降低成本。

// 第 8 章

协同管理

在组织成立、结构化和组织化的过程中,有一件事在短时间内不会随之改变:组织将由管理人员来监督其运营。这些监督运营的资源可以来自组织的各个层级,从所有者或官员到中下层管理者。组织内的压力和潜在问题可能就来自经理和/或高层管理人员之间的关系。如果组织可以被划分为一个个彼此独立工作的部门,这不会是一个大问题。但事实上,组织内的各部门经理都不得不与其他部门一起工作或者通过其他方式或关系与其他部门相联系。作为经理,你知道组织中有部分其他经理与你相处愉快,而你与另一些经理的工作关系则更具挑战性。如果你与那个人没有多少业务往来,你们之间的关系就不会是个大问题。但如果你不得不定期与其开展业务,可是你们之间的关系却很紧张,那么你的业务可能就无法高效或有效地开展。

管理行为

经理的行为可能受到几种不同因素的影响。管理行为是压力的反应,它迫使经理决定是否以有利的方式做出反应。行为可能是其个性的固有特征,也可能是工作之外的情形所导致的结果。行为还可能是经理试图推动议程的结果,或是为了提升自己在管理层中的地位而产生的冲动,这将使其与那些不愿意以如此活跃的方式在公司中晋升的其他经理做出不同的反应。无论什么原因,经理们在彼此合作时都会各行其是。这些行为的体现和管理方式对经理和组织的整体成功发挥着重要作用。

作为组织中的领导人物,经理必须明白,他们是特定管理层的标杆,并且那些在他们周围工作的员工不仅将他们视为管理者,也将他们视为领导者。拥有一个头脑冷静的经理是难能可贵的,但这说起来容易做起来难,因为经理每天都要应对庞杂的事情。这其中对经理造成的影响包括"与责任相关的影响"和"与关系相关的影响"。经理从三个方向进行管理时将不间断地对这些影响进行评估:

1. 管理自己——你自己的时间和活动——你既是员工也是经理,你会发现需要对某些职责进行安排和管理,才能以最佳方式利用你在工作日的时间。这可能会带来压力,因为组织及外部投入和关系都需要时间,并迫使经理做出选择,这可能会导致不必要的行为。同时,这也涉及压力管理,因为它可能对行为的表现方式有很大影响。

2. 管理下级——你负有责任的事情——经理有许多工作职责，那也是他们的责任，例如对流程以及可能造成压力的人力资源、部门时间表和所承担的义务进行管理。经理必须对工作流程中出现的问题做出回应，但似乎在处理人力资源问题或关系问题时可能遇到更多困难，并导致某些行为。

3. 管理上级——在你之上的管理人员——经理通常认为他们在工作过程中不会对层级在自己之上的领导进行管理，但事实并非如此！高层管理人员希望了解最新的工作流程和人事问题，但他们通常只需要较高级别的信息，而不是细节。了解他们想要什么也是一种对他们进行管理的方式，你可以积极主动地处理、讨论和报告部门内的状况。对高层管理人员不够了解通常也是经理们的压力来源，并可能是造成某些行为的原因，尤其是在管理层会议中。

管理多元化

在大多数组织中，高层管理人员都愿意培养、促进中层管理者的多元化，并因此受益，因为这为公司带来了特色，并在许多方面帮助公司变得更加强大。我们同样有责任确保，在经理拥有不同的个性和性格的情况下，他们仍然可以发挥自己的专业性并共同努力，以实现组织的整体利益。

团队技能培训中也应当包括团队多样性的优势。我们需要互相尊重各种背景、经验、观点和意见，以培养开放的思想和多样的思维方式。

> **强力工具**
>
> 允许多元化能够帮助经理造就一种环境，这种环境鼓励开放的思想并真正考虑所有的选择，以便做出最佳决策。

这是组织在制定对策时可采用的方式之一，这种方式似乎比较先进，因为它能使各种不同的个性的员工一起工作而不冲突。

虽然这在理论上可行，但实际上很难，因为所有经理都必须在与彼此的关系中按照这种方式进行思考和理解。这时组织才开始趋于成熟，取得进展，有能力完成目标，因为我们不但要完成工作，还要做得好！

管理关系

不同层级内部，中层管理者和高层管理者之间，以及同一级别的经理之间，都可展开不同程度的协同管理。管理层应该就组织的运作方式召开会议、进行讨论和决策，并就目标、预算、日程的状态，以及正在完成的特殊任务或项目，做出报告。那么，这些经理在彼此关系中的协同作用会如何影响他们在组织内的权力或控制力以及他们取得成功的能力呢？

在大多数情况下，这是一种自上而下的理念，高层管理者在其中对组织的战略业务计划进行讨论并就如何实施该计划达成一致。然后，他们需要有效地将该计划传达给中层管理人员，以便经理们可以看到高层管理者已对企业发展方向达成一致，并清楚地了解他们在各自特定部门中的目标。当高层管理者就目标达成一致后，组织中的其他员工就可以看到并感受到经理之间的协同作用，这不仅使人们更加信服他们做出的决策，而且更加信服管理团队本身的组织管理能力。

而后，高层管理者可以向中层管理者传达目标，以便在部门中执行，这会使中层管理人员更信服也更接受。

强力工具

重要的是，要让中层管理人员看到高层管理者的协同作用能够产生具有凝聚力的决策。这促进了中层管理人员之间的协同作用，而工作人员看到该情况后，就会对管理层和部门内部的决策更加信服。

管理层之间的协同作用不是一个决策，而是一个事实，它能够促使组织其他成员相信其目标。

这种协同作用是有代价的，因为在管理层会议上和进行目标讨论时，并不总是一开始就能达成一致。如果要召开会议并就推动组织前进达成一致，组织管理层必须展示自己的本色和成熟度。这不仅对经理有益，也有助于组织实际完成任务、完成目标，并通过这一完成过程给组织带来真正的力量。

强力工具

当管理层变得更加成熟且了解他们对组织其他部门的影响时，就实现了这种力量，它不仅存在于其行为和态度中，还存在于组织中其他成员对其管理决策能力的看法中。

在大多数组织中，人们会根据经理的行为和态度了解管理层对任何既定目标或方向的看法。如果无论是中层还是高层管理者都无法对部门或组织的方向达成一致，那么与这些管理人员一起工作的其他员工就会看到这一点。这可能在管理层中产生一种不信任的氛围，而其他人会对他们作为一个团队是否有达成一致结论的能力或流程产生怀疑。由于个性冲突或强烈的情绪，经理们可能就某个行动方案是否最佳方案产生分歧。

如果经理尽力说服人们接受他的议案，则其结果既可能使经理受到某种形式的奖励，也可能使他名声扫地。后者是经理们不可接受的行为，因为这可能使管理层分裂，并使组织无法顺利有效地运行。这甚至会在经理之间造成紧张和麻烦，从而产生一些没有建设性的争论，并通常会带出每个人观点中的正面和负面能量。在大多数情况下，当所有参会经理能够分享他们的观点和想法，并且集思广益共同进行讨论时，管理层会议就是最好且最有效的方法。

成熟的管理团队有能力通过筛选和淘汰的过程，将集思广益的成果缩小到大家能够达成一致的单一要素。但管理人员可能遇到一个问题,某些经理无法放弃自己的想法、无法妥协、无法看到他人想法的好处,并且选择坚持自己的想法是唯一的方法。因此,团队出现分裂,无法实现协同。这时,管理团队就变得很脆弱,且组织进行有效管理的能力开始瓦解。那么,有哪些工具可以帮助促成同级管理者或不同级别管理者之间的协同呢?

沟通系统

第一个工具是沟通结构格式化,即规范信息在组织内传递的方式。在评估组织、项目或任务中的沟通情况时,我们需要将其分解为多个子领域:

- 信息内容;
- 人员;
- 方式;
- 时间。

信息内容

该领域涉及即将发布出去的实际信息。重要的是,我们应当知道哪些是真正要发布的信息,而哪些只需要进行简单的记录和归档。信息是组织的基石,它包括组织结构、财务和法律信息、员工档案、客户和销售信息、产品和工程数据、图纸和测试结果、采购、制造和库存信息,以及组织的其他许多关键领域。

组织中的所有信息都有其存在原因，但人们只需要获取与其职责范围相应的信息。组织中的每个人都需要信息，而经理有责任确定不同员工获取信息的内容和原因。信息的准确性、易读性，以及采用接收者易于理解的形式，也很重要。信息必须清楚才能正确使用！

人员

并非组织中的每个人都需要了解每个部门中的每件事的所有信息。如果错误的人因错误的原因得到错误的信息，那么可能会损害组织的利益。这可能导致中层管理人员和/或高层管理人员在做出决策时所依据的是不正确的信息、过多的信息与细节，或者可能是不够充足的信息，从而因沟通不畅产生错误。还有一种可能，其他中层管理人员可能无须知道某些信息，却被迫加入了某个对话进行无意义的讨论，或参加了他们原本无须参加的会议。我们还有可能会向高层管理者传达过多的细节；或者他们可能并不了解实际发生的事情或误解了传达的内容。高层管理人员，即使要求更多细节，或根本没有取得足够详细的信息，仍然需要做出决策，只是这样的决策建立在了不正确的数据之上。

> **强力工具**
>
> 对谁获得什么类型的信息进行有效评估十分重要。

方式

这指的是通过某种实际媒介将接收人所需要的信息发送给他们。人们可能更偏好于使用电子邮件进行通信或要求参加电话会议而不是面对面会议。但也存在其他情况，人们更希望通过面对面会议进行人际互动并展开讨论和说明，他们会认为这种沟通方式比仅仅接收电子邮件更好。

> **强力工具**
>
> 知道接收者更喜欢以哪种形式接收信息，在改进和优化信息沟通方面至关重要。

关于管理层的协同作用，在许多情况下，经理通过电子邮件就可获得足够的信息，从而能够进行审查并满足他们了解特定情形的需要，而如果他们参加了会议，就可能收到过多的信息，并仅仅因为这种沟通类型而被卷入讨论和可能存在的争论之中。

时间

由于经理和高管能够花费在会议上的时间有限，该领域包括了时间管理等后勤工作。作为经理，时间管理是控制时间的关键领域，必须考虑的因素包括参加会议的次数、原因以及经理计划通过参会获得什么样的收益。这是会议策划者的责任，他们应该确保只邀请那些"需要"到场的人。这同样也是主管经理的责任，他们需要自行确认是否有参会的必要。会议的召开频率对有效沟通和时间管理来说都很重要。

强力工具

出席会议是项目经理必须处理和应对的问题，他们需要在其中寻求平衡。正如我们所看到的，我们必须以有效的频率将所需的关键进展和信息传达给正确的人。

举行过多的会议并不能通过积累足够的信息来证明会议的合理性，而会议间隔过长也会在各种进展之间浪费过多时间。会议间隔时间非常重要，因为如果间隔过长，关键信息就无法快速传达，并且存在太晚做出决策的风险。

沟通在组织的各级管理中都很重要。了解组织内的四个主要沟通要素至关重要，它们指的是必须传达的信息内容、向谁传达、如何传达以及传达频率。处理好经理之间以及各层级管理者之间的关系，将有助于管理层内部取得整体协同效应。由于项目经理的沟通责任复杂，他们必须有效地管理沟通的四要素，他们所使用的就是表8.1所示的被称为"沟通矩阵"的工具。

强力工具

使用沟通矩阵这类工具可以帮助我们对所查看的信息内容、人员、方式和时间四要素进行组织。

表 8.1　沟通矩阵

沟通矩阵				
资源类型	参与的会议	频率	首选信息传递方式	函件
分管副总裁	管理汇报会	每周	面对面/电子邮件	会议记录
设施经理	管理汇报会	每周	面对面/电子邮件	会议记录
	安全委员会	每月	面对面/电子邮件	会议记录/行动清单
工程经理	管理汇报会	每周	电话会议/电子邮件	会议记录
	文件审查	每月	面对面/电子邮件	会议记录/审查文件
	安全委员会	每月	电话会议/电子邮件	会议记录/行动清单
	项目状态审查	按需	电话会议/电子邮件	会议记录/行动清单
项目经理	项目状态审查	按需	面对面/电子邮件	会议记录/行动清单
人事/财务经理	管理汇报会	每周	面对面/电子邮件	会议记录
部门主管	部门沟通	每两月	面对面	公告/话题讨论
	部门主管进度更新	每周	面对面/电子邮件	会议记录/行动清单

这项工具对信息内容、人员、方式和时间进行了分类，从而能够产生良好的沟通，并使经理更好地组织其部门内的沟通。

经理的需要

经理需要知道很多事情——他们所负责的工作、他们的部门中由谁来执行流程，而信息流只是他们通往成功道路上须知的一小部分。中高层管理人员都需要知道他们部门在执行任务方面的效率，以及他们部门的实际运行效率。经理需要信息、需要汇报、需要知道他们所选的人力资源是正确的，并且具备相应的技能来完成他们所分配的任务。

经理需要知道他们正在传达正确的信息，并建立了渠道，以优化沟通质量和效率。经理还需要知道，人们对他的短期期望是什么，以便他们在自己的部门内规划如何组织资源来实现将来的目标。高管需要确保他们正向着组织的战略目标前进，并且他们拥有适当的资源来实现这些目标。中层管理者需要知道他们可以在部门内做些什么来帮助高管实现其战略目标。

走向成功

普遍认为，大多数中高层管理者都希望，或有必要，取得成功。在这里，经理需要具备的工具是一种基本认识，那就是，为了取得成功，经理必须有一种内在需求，它能够驱使经理获取工具并取得成功。这种追逐成功的态度源自内心。如果你还在质疑这个管理职位是否真的适合你，那要么你并不是真的想要这个职位，要么你想要但却缺乏信心。如果你真的认为自己不适合这个职位并质疑你的管理能力，那在你之前没有担任过管理职位的情况下，你会感觉自己正处于一片未知的领域中，这是正常的。你可能希望寻求其他经理的建议或进行一些管理方面的研究，以确定这项职责是否真的适合你。

如果你真的想要某个管理职位，但却不确定，这通常源于缺乏知识和信心。这是正常现象。在培训、时间和经验的多重作用下，你会越来越好。

> **强力工具**
>
> 对经理而言，理解管理中的主要理念也至关重要：为成为一名成功的经理，你周围应该有许多成功的人，你应该理解管理职责并树立领导权威。

如果你将其他中层管理人员或同级管理人员都视为"为了组织成功的共同目标而努力工作的专业人士"，那么就能够在管理层内形成协同效应。如果你了解，那些对中层管理者进行监督的高层管理者都是成功人士，并且正在为了实现组织成功这一共同目标而努力，就能够促进不同管理层之间的协同效应。这种协同效应确实是经理行为方式背后的驱动力，这些行为方式包括他们如何做出应对以及如何对彼此做出反应。而如何开展和实施诸如会议这样的简单事项，将体现出管理人员的一般专业性和成熟度。

成功的愿望始于一位能够将你的工作推向成功的新经理。

> **强力工具**
>
> 如果你不相信自己是成功的，那么你很难取得成功。开发

工具、培养管理技能，并以成功的眼光看待组织，是成功的经理取得和保持成功的方法。

强力工具汇总

- 允许多元化能够帮助经理造就一种环境，这种环境鼓励开放的思想并真正考虑所有的选择，以便做出最佳决策。
- 重要的是，要让中层管理人员看到高层管理者的协同作用能够产生具有凝聚力的决策。这促进了中层管理人员之间的协同作用，而工作人员看到该情况后，就会对管理层和部门内部的决策更加信服。
- 当管理层变得更加成熟且了解他们对组织其他部门的影响时，就实现了这种力量，它不仅存在于其行为和态度中，还存在于组织中其他成员对其管理决策能力的看法中。
- 对谁获得什么类型的信息进行有效评估十分重要。
- 知道接收者更喜欢以哪种形式接收信息，在改进和优化信息沟通方面至关重要。
- 出席会议是项目经理必须处理和应对的问题，他们需要在其中寻求平衡。正如我们所看到的，我们必须以有效的频率将所需的关键进展和信息传达给正确的人。
- 使用沟通矩阵这类工具可以帮助我们对所查看的信息内容、

人员、方式和时间四要素进行组织。

- 对经理而言，理解管理中的主要理念也至关重要：为成为一名成功的经理，你周围应该有许多成功的人，你应该理解管理职责并树立领导权威。
- 如果你不相信自己是成功的，那么你很难取得成功。开发工具、培养管理技能，并以成功的眼光看待组织，是成功的经理取得和保持成功的方法。

// 第 9 章

培　　训

当人力资源能够像原先设计的那样有效地执行流程并完成流程，组织取得成功的可能性就更高。为确保人力资源能够发挥他们的最高效率，他们需要有合适的工具来完成自己的工作，还需就其工作接受教育或积累经验，从而能够以最好的状态投入工作。一个容易被忽视且未得到充分开发的领域就是在如何执行流程或开展培训的细节方面对人力资源进行指导。我们一直在学习管理层所能使用的工具，而其中最重要的一项工具，也是成功的基础，就是培训。各级管理人员都需要在其负责的领域接受培训，以便展开最有效的工作。由于经理可能在其职务描述的范围内履行多项职责，所以他们也需要遵循组织为部门建立的流程和程序。

培训是一个流程

经理需要了解，遵循流程可以确保他们按照原先设计的方式正确执行任务。这有益于部门的组织、完成、效率和标准化。对于那些有责任对部门内部工作进行监督的经理来说，首要职责就是确保部门内每个人在工作中都遵循正确的流程和程序。经理在做同样的事情时需要以身作则。经理应该认识到，正确的培训是一个多么强大的工具，并且在遵循流程时他们能够在部门效率、完成和控制方面拥有多大的权力。

培训是一个流程，必须经过开发和监督，才能确保其正确执行。当培训被视为一个流程时，它可以包括任务步骤开发、测试验证、记录和流程监督，以确保产生预期结果。首先要了解这个培训流程的意图是什么。简单地说，培训就是通过口头解释、书面文件、图示、计算机、网络或亲身接触，有效地传达流程任务。受训者需要详细逐一了解流程步骤，以及流程存在的原因和其在组织中的重要性。

强力工具

与任何其他流程一样，在有成文方案的情况下，可以最好地执行并重复培训流程。

培训方案

在考虑培训流程时，最好尽量保持简单，以避免混淆和不必要的步骤。与其他流程一样，最好让熟练掌握流程开发的人员来概述所需步骤，从而提供有效的培训。在此情况下，还需要一位相关领域的专家和有培训专长的人。这非常重要，因为人们的学习方式不同，进行培训管理的方式也多种多样。制定培训方法也被称为制定培训方案。对培训的基本领域进行定义时，应该有利于流程的有效实施。当经理决定在部门内对培训有效性进行评估时，他们往往会关注这一流程的五个方面：

1. **实施**——制定培训流程中的步骤计划。

2. **记录**——获取培训流程的定义文档并按照文件上的记录进行培训。

3. **合格的培训师**——由合格的培训人员来进行培训。

4. **提供培训**——根据受训人员的需求制定培训方法。

5. **监督和评估**——监督实际绩效，并评估受训人员的进展情况。

实施

第一个领域涉及如何实施培训。培训主要以两种形式实施：

1. 文档化的流程沟通；
2. 非文档化的流程沟通。

在文档化的流程中，可根据精心设计并全面记录在案的流程来实施培训。员工所参与的培训课程将根据文档详细展开，并且员工将就相关流程接受有效培训。

在非文档化的流程中，培训方法是通过未记录的信息或"部落知识"传递下来的——部门中的员工只是简单地被告知该怎么做。而后,被告知的员工又将他们所知道的通过口头的方式告诉其他人。有些公司数十年来一直以这种方式传递信息,而从来没有记录下一个流程或程序,只是通过新老员工的交替年复一年将这些信息口耳相传。

非文档化的流程培训存在若干固有风险:

- 信息从一开始就不正确,却被传递了下来。"我们一直都是这样做的。"
- 培训师未清楚阐明流程相关细节,还遗漏了步骤,只是让新人通过反复摸索来自学这些步骤。
- 如果不止一个人进行培训,则他们对流程的解说会有所不同。
- 无论是否能提高效率,培训师都可能将他们自己对流程执行方法的看法加入培训过程中。
- 如果唯一一个熟悉该流程的人离开了组织,那该怎么办?

不幸的是,如今,这仍然是一些组织采用的流程,并且在大多数情况下,由于不良的培训实践,员工并没有足够的信息或工具来有效地完成工作。

这是不幸的,因为新员工通常希望得到适当的培训、拥有合适的工具,并且真的想要表现出最好的一面。而对于经理来说,这些部门中的培训实践并不能带来训练良好的员工,他们无法表现出应有的效率，这给经理在完成部门流程和目标方面带来了问题。

记录

在组织内，对流程和程序进行记录至关重要，因为这可以清楚表明并查证实际上是如何根据设计意图完成各项程序的，并可以对新员工进行更准确、更一致的培训。许多公司都不太重视记录，它也不是经理们优先考虑的事项，因为它要求员工具有技术写作方面的技能，能够以书面形式清楚地说明应该如何完成各项程序。这并不是说部门经理必须等找到有能力记录的员工后才开始记录。部门中有员工拥有这方面的技能当然很好，但对大多数经理来说，这种技能水平并非唾手可得，所以他们必须将这项任务分配给其他人员，以尽可能地记录流程。

强力工具

记录流程就像给流程拍照然后将其剪切并粘贴到 Word 文档中一样简单，人们可以直观地进行查看。培训应当始终按照文档的记录展开。

诸如计算机的屏幕截图或工作台上物体的数码照片之类的插图可以帮助受训者更直观地了解流程步骤。通过这种方式，不擅长写作的人也可以非常有效地建立培训文档。本章的重点就是指出培训和正确记录在组织内的重要性，从而消除员工不正确执行流程或部门无法有效且高效地完成目标所带来的风险。

合格的培训师

如你所见，制定培训方案包括五个方面，而培训师的选择是这当中最重要的一个方面。这也是组织因为种种原因没有给予足够重视的另一个领域。组织进行简化运营，就没有额外的人员可以担任培训师，并且不是每个人都可以担任这一职位！培训师是一种资源，他们帮助向那些从未执行过该流程却接受了任务分配的人传达该流程的执行方式。在许多组织中，通常的做法是让执行该流程经验丰富的员工作为培训师，组织一般认为这些员工都十分了解该流程，是培训师的最佳人选。但不幸的是，情况并非总是如此。某些人可能是该流程的专家，却不擅长将流程中的所有步骤有效地传达给他人。

> **强力工具**
>
> 培训师应确保已将流程的所有步骤都有效地传达给了受训人员，即受训人员已经以他们可以理解并记忆的方式获取了最准确的信息。

培训师是培训流程中至关重要的一环，因为他们是沟通的关键工具。培训师需要拥有相关领域专家不具备的某些技能，这将有助于培训流程取得成功。他们必须能够做到以下几点：

1. 了解培训方案的价值所在。

2. 坚持依据所记录的文档开展培训，因此对流程进行记录可能是必需的。

3. 能够有效地传达流程步骤的细节，而不仅仅是谈论它们。

4. 知道人们的学习方式不同、学习速度不同、理解和记忆能力也不同这一点。

5. 能够在培训期间监督受训人员的注意力、质疑、压力以及对流程的一般理解。

6. 具有倾听的技巧，可以通过口头语言或肢体语言确定接收人清楚地收到了他们所传达的信息。

7. 如果无效，能够立刻调整培训方式。

8. 建立反馈系统，通过观察受训人员执行任务的情况来评估他们的理解程度。

培训师不仅要对该领域的专业知识有所了解，还要知道如何进行有效的互动和沟通。因此，如你所见，正确的培训绝不仅仅是将流程步骤告知某人这么简单。

> **强力工具**
>
> 有效的培训远比简单的流程步骤传递更为深入。有条理的方案、可靠的培训方法、良好的沟通技巧，以及对受训人员进行观察，都是培训师取得成功的关键。

提供培训

采用何种方式提供培训是我们接下来要涉及的领域。培训方式的确定，与根据流程知识和沟通技巧正确选择培训师的过程非常类似。人们会以不同的方式理解信息。有的人只要简单地告知就能理解得很好，而对有些人来说，阅读、看图或亲自动手才是最好的方式。知道这一点十分重要，因为培训方式的确定可能取决于受训员工的技能水平、教育水平，以及他们接收和理解信息的一般能力。

强力工具

提供培训的方式应该符合接收人的需求，并以最可能对大多数接收人有效的方式展开。这可能需要一些评估，并且在某些情况下，需要培训师进行反复摸索。

强力工具

一名优秀的培训师能够感知到受训人员接收信息的方式以及他们是否理解并记住了所教授的内容。

我们应当始终对流程或程序进行记录，然后对培训方式进行评估，以最有效地传达信息。培训师必须了解相关专业领域与培训方法之间的联系，以便探究受训人员接受信息的一般方式。我们可以直接观察受训人员在培训课程中注意力是否集中，还可以在培训中询问课程内容及早先涉及的知识点，以评估受训人员对材料的理解和接受程度。让受训者复述流程组成顺序也可以评估其对细节的实际掌握程度。培训师可以通过这些方法了解特定类型培训方式的有效性。

如果培训师采用与受训人员一起阅读文档的方式来进行培训，那么他需要有一个反馈系统来评估受训人员对他们所阅读的内容的理解程度，从而评判他们是否真的了解该流程。培训师可能需要寻找受训人员厌倦的迹象，或是他们睡着了，或是看起来心不在焉、东张西望，这表明受训人员在阅读文档方面成效不佳。那么，培训师可能需要将培训方式换成幻灯片演示或图表说明，以图形的方式对流程进行解说，并尝试以这种方式提高受训人员的理解和接受程度。如果培训师仍然看到受训人员表现出不喜欢这种沟通形式的迹象，那么他可以将该人员带到任务执行之处，并通过实际操作来让他感受整个流程。

为流程程序开发支持文档可以帮助培训师传达有关流程步骤的详细信息。

> **强力工具**
>
> 举个简单的例子，支持文档可能是包含数码图片、能够按顺序展示流程各个步骤、只有很少或者甚至没有相关文字的一系列页面。

图形化的流程文档可以帮助受训人员在实际执行该流程之前查看实际的流程材料或直观地感受流程的执行方式，并给人以亲身经历、实际操作的感觉。这使他们能够了解更多的流程细节，且通常对流程信息的接受程度更高。这可以是一个非常有效的工具，因为人们更倾向于记忆图片、颜色、形状和大小。

> **强力工具**
>
> 在培训师的监督下对流程进行观察和/或实际执行该流程，也可以提高受训者对流程步骤的接受程度。

如果培训师采用了亲自操作的方式，则最好先由培训师来执行该流程，让受训者观察应如何正确完成每个步骤。然后受训者可以在培训师的监督下执行相同的流程步骤，以确保受训者已经掌握了该流程的所有细节。这种形式的实践训练在一对一的情况下或在每次最多两三人的培训小组中非常有效。

这种培训的有效性完全取决于受训者是否能够在培训师的密切监督下完成这一流程以及培训师所花费的心思。这种方法在大型团队中可能不那么奏效，因为培训师很难给予受训者一对一的关注。当需要对大批人员进行培训时，一个比较好的方式可以是首先利用课堂环境对流程步骤进行大体的介绍，再通过图片和文字说明并用的文档来展示该流程。

> **强力工具**
>
> 另一个可能对大型团队有效的方法是使用视频播放、PPT或图板，以便培训师在课堂环境中与更多的学员交流。

课堂方式可以与每次两三人的小组训练相结合，通过实际操作的方法熟悉整个流程，因为所有学员都对流程步骤有了大体了解，现在只需要进行实践。经理有责任确保他所选择的培训师在部门内开展培训时都了解培训的基本理念，能够以最有效的方式开展培训并进行评估。

还存在这样的情况：培训师被派往一个地方进行培训，但是他们不会说当地的语言，或他们可能处于不同的文化当中，这就会使培训方案的复杂性增加。

强力工具

在这种情况下，最有效的工具就是使用两种语言的书面文档，文档的每个段落或每个句子先使用培训师的语言，后面紧跟着表达相同意思的受训者的语言。这使得培训师和受训者同时阅读该文档成为可能，并且他们能够使用自己的语言来理解该文档。图片仍然可以在传达流程步骤细节和不需要解释的信息方面发挥重要作用。

在跨语言或跨文化培训中，使用流程环境的照片、材料和工具的数码图片或计算机截图等会更加有效。如果使用正确的图片，那么只需要非常少的文字表述，就可以详细地逐一说明和呈现流程的每个步骤。在经理选择合适的培训师、正确的流程文档以及培训的方式方法时，这都是非常重要的工具。经理有责任确保正确执行流程，并且员工拥有适当的工具，也接受了所需的培训，从而能够高效、成功地完成任务。

监督和评估

测量和评估是培训流程中的一个重要领域,因为培训师无法确定受训人员是否完全掌握了流程的细节并且能够拥有长期记忆,从而无须进一步的培训。受训人员可能非常善于使用短期记忆重复流程步骤,他们能够在培训师展示完工作方法后直接做出简单的回应。但不幸的是,这无法表明受训人员对这些流程细节的记忆可以保留多长时间或者他们是否能在一段时间内记住所有的流程步骤。这对于培训师来说非常重要,因为很多时候培训师在进行培训时会假定学员们已经"很好地"理解了他所展示的步骤从而继续执行其他任务。当学员完成培训时,我们不应当仅仅因此假定他们已经具备了执行流程的能力;必须有一个验证系统来测试受训者所掌握的知识。培训师实现这一目标的最好方式就是制定一个监督计划来查看受训人员的表现并评估他们的能力。

> **强力工具**
>
> 最好的情形是,学员在接受流程培训后立即投入该流程并且只需执行该流程而没有其他指派的任务,这使他们更有可能记住所有的流程步骤。

如果这就是受训人员的所有任务,他们就可以专注于培训的内容,这可以帮助受训人员熟记流程细节。但在许多情况下,受训人员将执行多个流程,并且需要接受多个流程的培训。因此,受训者学会避免过多的信息非常重要，这可以减轻他们的压力或避免混淆。经理必须意识到，刚调到另一个部门的员工是需要时间进行培训的。

> **强力工具**
>
> 如果要确保培训流程的质量，首先受训者应逐步且多次体验该流程，以确保他们理解并牢记流程步骤。

在培训流程结束后，培训师应当与受训人员保持联系，以监督他们的工作情况。然后，培训师可以评估受训人员是否需要接受后续培训，以帮助他们理解或回忆他们可能已经忘记或误解的流程步骤。

监督和评估不仅可以用于评估受训者的表现，还可以衡量培训材料在流程培训过程中的有效性。这也将表明培训师工作的有效性以及培训流程中是否选用了正确的人选。让受训者明白组织对待培训的认真态度十分重要，而对培训进行持续监督有助于确保员工正确地完成流程并取得最佳的培训成果。

经理需要明白他们在管理培训流程、选用培训师的过程中所承担的责任以及培训材料对组织是否能够取得成功的重要性。虽然这会带来良好的培训实践，但并不是每个人都适合成为培训师，因此，经理需要了解哪些人员更适合这类工作。

> **强力工具**
>
> 作为一名经理，你必须在部门内培养能够有效且成功开展培训的培训师。

拥有优秀的培训师，就可以在部门选择聘用新员工时更加灵活，因为你会更有信心对新员工进行有效且正确的培训。这使得经理能够更好地控制人员配置和调度，也使经理能够更好地控制其部门并有能力完成相应流程。

强力工具汇总

- 与任何其他流程一样，在有成文方案的情况下，可以最好地执行并重复培训流程。
- 记录流程就像给流程拍照然后将其剪切并粘贴到 Word 文档中一样简单，人们可以直观地进行查看。培训应当始终按照文档的记录展开。
- 培训师应确保已将流程的所有步骤都有效地传达给了受训人员，即受训人员已经以他们可以理解并记忆的方式获取了最准确的信息。
- 有效的培训远比简单的流程步骤传递更为深入。有条理的方案、可靠的培训方法、良好的沟通技巧，以及对受训人员进行观察，都是培训师取得成功的关键。
- 提供培训的方式应该符合接收人的需求，并以最可能对大多数接收人有效的方式展开。这可能需要一些评估，并且在某些情况下，需要培训师进行反复摸索。
- 一名优秀的培训师能够感知到受训人员接收信息的方式以及

他们是否理解并记住了所教授的内容。

- 举个简单的例子，支持文档可能是包含数码图片、能够按顺序展示流程各个步骤、只有很少或者甚至没有相关文字的一系列页面。
- 在培训师的监督下对流程进行观察和/或实际执行该流程，也可以提高受训者对流程步骤的接受程度。
- 另一个可能对大型团队有效的方法是使用视频播放、PPT或图板，以便培训师在课堂环境中与更多的学员交流。
- 在这种情况下，最有效的工具就是使用两种语言的书面文档，文档的每个段落或每个句子先使用培训师的语言，后面紧跟着表达相同意思的受训者的语言。这使得培训师和受训者同时阅读该文档成为可能，并且他们能够使用自己的语言来理解该文档。图片仍然可以在传达流程步骤细节和不需要解释的信息方面发挥重要作用。
- 最好的情形是，学员在接受流程培训后立即投入该流程并且只需执行该流程而没有其他指派的任务，这使他们更有可能记住所有的流程步骤。
- 如果要确保培训流程的质量，首先受训者应逐步且多次体验该流程，以确保他们理解并牢记流程步骤。
- 作为一名经理，你必须在部门内培养能够有效且成功开展培训的培训师。

// 第 10 章

最薄弱的环节

提起薄弱环节,我们通常会想象有一根链条,其中有一个环节已经损坏并即将断裂。这根链条可能很牢固,并且可以做很多事,但是这个环节会造成阻碍。在资源既定的情况下,我们可以将其类比为组织和组织能做的事,但是组织可能正是因为这些薄弱环节而未能实现目标。薄弱环节意味着组织内的人力资源或流程存在不符合标准或不完全正确的情况。

本章的目的不是指责某个人,而是希望发现可能改进之处以及组织中较弱的、可能造成损失的关键领域。组织是围绕流程构建的,如你所见,组织的成功很大程度上取决于这些流程的开发和实施。另外,流程仅仅是一组工作任务,完成这些工作任务就是为了实现预期的目标。如果任务序列中有一个任务未被正确执行,则它就可能是一个薄弱环节并会对整个流程产生不利影响。

在寻找组织内的薄弱环节时,首先必须确定你所找的工作领域很有可能对正在进行的流程产生负面影响。由于组织中存在几个可以对薄弱点进行测量的领域，因此本章会更多地关注组织的供应链和库存控制因素。此外，文中也涉及了流程、管理和人力资源培训等方面的弱点。在供应链管理方面，我们将查看三个基本领域：采购、供应商/厂商，以及库存控制。

供应链管理与组织的其他业务非常相似，因为它也建立在流程之上。流程设计有好有坏，有记录在案的，也有未做记录的。对供应链管理中的薄弱环节进行评估需要经理审查流程并确定所设计的流程是否能够以最有效和最正确的方式来执行任务。这是一个重要的步骤，因为它通常会揭示出其中执行不良的流程或其组成部分以及存在的弱点。我们可能会发现流程自身的问题，也可能会发现其他与流程无关的问题是导致其未按预期执行的原因。某些人力资源所做的决策中也可能存在缺陷。在供应链管理中，必须对采购、供应商或厂商关系，以及库存控制，做出许多决策。个人对信息进行评估的能力和做出正确决策的能力可能可以改善缺陷。

采购

通常都是由采购部门采购物资、材料、设备、其他资源和库存。与组织中的其他部门一样，在采购部门中，也应该开发和记录用于控制采购方式的流程。为进行流程评估或流程改进，经理必须首先坐下来审查文档，了解采购流程是如何设计的。在仔细审查文档后，才可能确定是否加以改进，以消除薄弱领域或可能失利的领域。

经理可以在部门内寻求采购代理的帮助，收集他们对正在执行的当前流程的反馈，并将其与当前的流程文档进行比较，以了解是否存在任何变化。你可能会发现，采购代理并没有遵循文档中记录的流程，这就是出现缺陷和失败的原因。你还可能发现，当前流程已经对文档中记录的流程进行了改进，从而在执行流程时更有效率。经理也有可能发现，有些流程完全未经设计、开发或记录，而采购代理仅仅是在没有指导的情况下匆忙执行任务。这种类型的活动最容易出现有缺陷和失败之处。而采购代理的技能和能力互不相同，究竟是弱是强主要取决于单个代理的能力。这就是流程可能失控的原因，因为各个采购代理在依照自己的意愿执行任务并做出决定时可能出现不一致，从而导致成功或失败。

当经理审查了文档并将所记录的流程与采购代理实际执行的流程进行比较后，可能会发现采购代理的能力在这一特定领域中发挥的作用大于预期。这时，经理应该对那些接受了具体任务指派的采购代理进行评估，以确保他们拥有该流程所需的能力、技巧和知识。在采购流程中，采购代理会发现他们必须做出有一定创造性的决策，这可能将组织引向潜在的缺陷领域或优势领域。当组织购买物料、设备、资源和库存时，事情并不总按计划进行，因此，有必要制定创造性的解决方案。如果某个供应商告诉你没货了，则这个创造性解决方案可以是给该供应商打电话并采取新措施。这就是采购代理将自己的技能和经验用于处理这种情况的方式。

如果需填补组织职位空缺，招聘经理时必须始终对资源的技能、背景和经验进行单独评估，以确定此人是否拥有在该职位上做出关键决策所需的知识储备。在许多情况下，有些难以在流程文档中阐述清楚的内容，必须在流程执行过程中做出决策。这又是一个可能因个别人员而产生的优势或弱点。经理必须将"设计流程文档时为特定情况所做的要求"与"资源可能根据情况酌情做出的决策"区分开来。在某些情况下，适当的培训可以为资源提供指导，告诉他们应该在何种基础上做出某些决定，以及哪种行动方案最适合该情况。而在另一些情况下，经验可能是正确制定某些决策的唯一方式，因为我们很难对某些类型的决策情境进行记录或培训。但无论何种情形，人力资源和决策流程都是成功的关键，且必须在经理的监督下完成。

采购部门的另一个可能产生优势或弱点的领域在于其对与供应商和厂商的合约管理能力。与供应商的关系至关重要，如果不重视发展关系，就可能成为组织的一个弱点。这种关系可以是非正式的临时采购，也可以是为多年生意往来缔结的复杂合约。无论何种情况，重要的是我们应当注意到，我们与供应商建立的关系可以并且通常存在两个层面：

1. 组织与供应商之间建立了正式关系，并且在某些情况下，它们缔结了合约。

2. 组织中的实际购买人或采购代理与供应商的联系人之间建立了关系。

在组织向特定供应商多次采购货品后，就可以在两者之间形成关系，而这种关系可以也可能在某些情况下影响某些采购订单的结果。在某些组织中，相对于定价和其他与购买物相关的因素，对供应商处收到的订单进行处理将更加结构化。在某些情况下，可能会特别考虑定价和优先发货，而接受该订单的人员可能需要对实际库存进行盘点，以确保按照客户的要求发货。当采购代理与供应商处的订单接手人多次接触并建立了良好关系时，这种关系就会长期发展。

供应商关系

实际上，供应商关系中的薄弱环节可能会给组织带来较大的问题。这些问题可能以更高的价格、补货费用、懈怠等形式出现，并且一般伴随着较低的供应商客户服务水平。这并不是说与供应商建立关系只是为了从他们那里获得优待，而只是表明，与供应商开展业务的时间越长，关系越好。如果客户在某项采购中遇到困难，供应商可能会予以特别考虑，有助于客户解决问题。因此，最好能与供应商和其他各类厂商建立并保持良好的关系，以防止出现这类问题使未来的采购难度增加。

组织购买物品主要分为两类：

1. 非合同直接购买；
2. 合同购买。

根据非合同购买协议来购买物品，就是通过电话、互联网或邮购等类型的订单处理方式进行购买。这些都是所谓的简单订单，采购代理都明确知道所要购买的物品，且供应商可以在不附加条件的情况下，完成货物的交付。在大多数情况下，供应商都有一个关于定价、交付、支付和退货政策的标准购买协议，用来约束非合同购买。由于大多数采购在此类协议下可以正常进行，因此供应商无须保证库存水平、定价、特殊交付条件或退货条件等。如果组织采购物品并非用于自己的产品或用于售卖，则对大多数物品而言，非合同购买协议就已足够。如果组织是为自己售卖产品而购买该物品，或者在项目中可能存在特殊情况、交付日程或规格明细的情形下购买该物品，那么使用合同来控制此类采购可能更合适。

强力工具

使用合同进行购买，是为了澄清某些关键事项，并确保合同中的某些条件能够实现，而这些条件对组织而言是必需的。

举个例子，如果组织在制造产品，并且已在物料清单中列出了与其相关的物料成本，那么就可以通过合同进行购买，以确保价格和交货期限，从而帮助组织维持正在生产的产品的总成本。合同也可以用来保护组织，如果在与某个供应商的关系中存在薄弱环节，则合同可以帮助组织强化采购流程。

强力工具

可以让善于谈判的人员就合同进行协商，设定采购条件并消除部门中可能周期性出现的协商弱点。

只有当组织拥有擅长合同谈判的资源时，才符合这种情况。如果合同未进行正确协商，则采购部门的弱点——例如价格谈判不佳或交货期限安排不佳——可能会成为被合同束缚的长期问题。重要的是，如果要使用合同，则进行合同谈判的资源必须在执行该流程的过程中确保组织的最佳利益。

在采购部门用于进行采购的信息中也可以发现弱点。信息如果得到正确使用，其作用可能是非常强大的，但如果信息不完整或不正确，则有可能具有破坏性。采购代理只有在拥有所有相关信息以确保购买物符合所有要求时，才能进行正确的购买。但通常情况下，他们获取的只是购买商品的部分信息或错误信息，这会使购买者在收到货物时感到失望，因为总有哪里出错了，必须重来。这种弱点会导致组织和供应商浪费时间和金钱，可以通过流程改进来改善或消除。采购部门可以开发一些工具，以更好地组织信息，例如使用订单申请表来构建和概述每次采购所需最低限度信息要求。开发这些类型的工具可以改善采购流程，并有助于消除由于信息不足而导致的错误采购。

另一种形式的信息涉及与采购有关的支持文档。这可能是物料清单，也可能是经修订的图纸，例如经修订的机械图纸，它可以指出所采购物品的最新更改或修改之处。组织内的变化是不可避免的，但它们必须经历一个记录的流程，以便组织中的其他人获得有关该特定事物的最新信息。如果根据机械图纸或物料清单来购买某些物品，则应当及时对其进行更新，避免继续购买不再需要的旧版物品。这也是一种结构化的订单变更流程，它可以减少组织的错误和弱点。

供应商

现在我们已经了解了组织内的一些包含了潜在弱点的领域，是时候把目光转向组织外部具有合作关系的供应商和厂商了。供应商本身也是组织，它们也开发了与销售产品有关的流程，并且通常它们希望能遵循这些流程。正如我们所见，在某些情况下，根据两个组织之间的关系，有时会做一些特殊考虑，以改善其中一方的情况，但在大多数情况下，供应商还是会遵循既有的订单流程。这就使得供应商关系中存在一些原本可以避免的薄弱环节：

1. 新供应商与既有供应商；
2. 制造商与经销商；
3. 基于互联网基础；
4. 国内或国外。

供应商的经营历史会在我们与供应商的关系中发挥重要作用，并决定了这种关系会带来弱点还是优势。历史悠久的、更成熟的供应商拥有更多的经验，因此在订单处理中出现基本错误的概率更低。这是我们对历史较为悠久的老公司的普遍看法，而且这不是一种简单的规则，它在公司关系中已得到了证明。而较新的公司不一定制定了完善的流程，员工的经验也较少，可能加剧公司关系中存在的问题。与老公司一样，我们只需要对这种观念加以注意，并通过公司关系进行验证，而不应该将其确立为一种规则。另外，老公司更愿意墨守成规，而不太可能积极地进行商业谈判。而想要占据市场份额的新公司可能会更主动，从而使它们的竞争优势更大一些。

强力工具

对于你想与之合作的公司，最好做个调研以获取一些背景信息。通过一两次小额采购来测试它们的流程和能力，以确定未来关系的方向。

供应商分为两类：制造商和分销商。在某些情况下，产品制造商可能直接销售并分销自己的产品。而其他制造商可能选择将自己的产品交给二级公司，也就是分销商，进行分销。在大多数情况下，分销商不生产任何产品，它们只需购买产品进行转售。分销商还可能承担一小部分的产品组装任务，但这不会被视为制造产品，而仅仅被视为以组装形式销售产品。无论是制造商还是分销商都存在薄弱环节。

销售自己产品的制造商倾向于将注意力放在生产流程上，而不是产品分销和销售上。如果它们尚未开发出组织的销售流程，那么从采购的角度来看，很难与它们开展业务。如果制造商生产的产品较为简单，则它们可能更重视开发分销和销售渠道，这将使它们有能力与分销商以及其他分销其产品的制造商进行竞争。与制造商合作的优势在于它们拥有更多资源，可提供产品相关知识，并解答有关特定产品细节的问题。而缺点通常是，它们不具备开发良好的订单处理部门，这使得我们与该公司开展采购业务时较为困难。分销商的缺点通常是缺乏产品知识或信息，因为它们通常只了解制造商产品目录中介绍的内容。分销商还容易在退货和/或保修工作中遇到困难。但分销商通常都有完善的订单处理部门，因为那是它们的主要职能。

当今这个时代，组织都知道发展互联网业务或电子商务可以提高整体业务能力。这对于采购部门以及那些试图获取产品和定价信息的人们来说可能是一个加分项，因为互联网可以帮助人们以快速简便的方式搜索和收集信息，这也意味着人们再也不用花费那么多时间给各个公司打电话。在某些情况下，历史悠久的、较成熟的公司可能尚未开发诸如网站、产品目录和/或订单处理功能等基于互联网的项目。如果公司没有互联网化，那它们不得不通过纸质产品目录或CD产品目录，以及电话、电子邮件或邮购处理方式，来开展业务。这种老方法已经沿用了几十年；它并没有错误，却削弱了公司竞争优势，进而失去了市场份额。

强力工具

互联网能让组织被全世界看到，并介绍了组织的历史和架构，以及它的产品、定价和订单功能等。

采购代理需要一些能够使他们与组织保持联系的信息，例如公司总部地址、分支机构地址和电话号码等。相对于没有互联网化的公司而言，这是一个巨大的竞争优势。对没有互联网化的公司来说，采购代理获取公司信息的难度增加，这是一个弱点。这可能给采购代理带来难题，因为通常在这种情况下要花费更长的时间并做更多的工作来验证公司信息。

无论是制造公司还是分销公司通常都更愿意与距离较近的公司合作。这主要是考虑到运输价格和物流便利程度。国内公司通常不会遇到外国公司可能遇到的运输和海关问题。这可能是一个弱点，但随着越来越多的外国公司在世界各地其他国家开展业务，运输和海关问题也越来越简化，并且可能不再被视为弱点。但如果外国公司的员工都不会你所任职组织中所使用的语言，这通常也可能是弱点所在。如你所见，在采购流程中，信息的准确性很重要，而语言障碍可能对信息准确性造成影响。

强力工具

与国外组织开展业务时必须注意确保与采购代理进行联络的人员精通相关语言，并且确保沟通渠道顺畅。

库存控制

供应链管理中可能让组织感到头疼的另一个领域就是库存管理。根据组织的规模和类型，库存因素可能相对简单，也可能极为复杂。组织如果涉及生产制造，则库存将分为三个层次：

1. 对收到的物料进行进料检验——在取得生产制造所需的物料后首先进行检验。

2. 制造产品所需的物料——为产品购入的、存放在工厂中的，和/或处于制造中的库存被称为在制品。

3. 准备装运的成品库存——产品制造完成，并准备装运。

进料检验

为了生产制造物品而购买的库存物料通常都有固定的规格，并且在收货后通常都要根据规格、物料清单、采购单或图纸，通过进料检验流程来进行验证。进料检验人员的技能、经验和培训对是否能够正确接收供应商的产品至关重要。这是与供应商提供的物料进行初次接触，它需要组织决定是接受还是拒绝不合规的产品。如果进料检验中存在薄弱环节，就容易使不合规的物料进入生产车间，造成货品损坏、故障和返工，从而使组织花费不必要的时间和金钱。产生这种结果的原因通常是流程开发不良或未开发流程，或者是员工技能不足或缺乏培训。进料检验流程是接收物料的门户，我们应该认真对待，它可能是一个很大的薄弱环节。

强力工具

经过适当培训的进料检验人员能够在阻止不合规物料方面为公司节省时间，并在避免生产返工方面为公司节省费用。

在制品

生产车间里到处都是机器、工作台、传送带、手推车和人员，非常繁忙。虽然生产环境看起来很混乱，但是"没有逻辑意义的布局"和"具有明确目的但看起来无组织的布局"之间还是有所区别的。在设计生产车间时，一个需要考虑的问题是，当库存分散于生产车间各个地方时，如何更容易找到它们。生产车间在以下方面通常都存在薄弱环节：

- 管理库存，而不损坏库存；
- 合理放置库存，以便制造人员可以快速方便地找到库存；
- 对不合规的物料或返工情况进行管理。

生产库存问责制是管理中最难的一点，因为库存随着流程不断变化并且难以跟踪。经理可以请求流程开发人员或制造工程师帮助解决在制品库存问题，并评估生产车间的薄弱环节。第一个潜在的问题领域是库存的存储方式。根据不同的库存类型，这可能很简单，也可能需要复杂的货架系统，并采用精心设计的装置或隔离方法。当库存仅仅因为其存储方式而遭受损失，可能导致返工或报废，并且耗费资源时间时，它就成了明显的薄弱环节。

> **强力工具**
>
> 为产品而设计的库存管理系统是"简化思维"的一个范例，它可以节约物料以及人力资源的时间和成本。

第二个潜在的问题领域是如何在流程的工作空间中放置物料和库存。人力资源效率对于控制成本极为关键，而人力资源效率与工人在流程中的移动次数有关。对物料和库存的放置位置进行评估时，需要涉及执行该流程的人员，如果库存的放置位置未得到优化，就可能暴露出组织的缺陷。对这种情况进行补救，可能需要使用更好的货架、垃圾箱或搁架等，或者需要改变工作空间的布局，以减少员工在流程中移动或走动的距离。这可以节省大量时间，并消除资源效率和生产空间中的薄弱环节。

第三个潜在的问题领域是对不合规的库存和返工情况进行管理。众所周知，在大多数生产环境中，都需要考虑货物损毁、返工或报废等情况。这里有两点需要考虑：在评估时，如何找到物料所在，以及在何处存放物料。流程开发人员或制造工程师也可以借助这个机会在生产中划分出一个领域，专门管理返工评估方面的流程。要找到物料可能很困难，因为库存可能被拆分成很多部分并零散地存放，它们未被正确标记并且可能与其他没有问题的库存相混淆，或者仅仅是被丢弃在系统中的某个地方。

强力工具

> 正确的物料存储方式可以减少这种混淆现象，对这类流程进行较好的设计也可以帮助更好地寻找、存放和分隔产品，将不合规的物料与其他生产物料区分开来。

生产中的这一领域可能使组织消耗大量的资源，但如果设计和管理得当，则可以使组织避免这一潜在的巨大缺陷。

成品库存

最后，成品库存和准备装运的制成品有时也可能是一个薄弱环节。组织在该领域虽然与其他两个领域相比具有更高的控制力，但由于货物损毁和不准确的装运计数，可能同样会对组织的成本和进度产生影响。如果已经制成了成品并准备装运，那么确保产品有良好的存放条件并且不会损坏则至关重要。在大多数情况下，产品都以某种形式的包装或容器运输，以保护物品不在运输途中损坏。这也可能是一个容易被忽视的薄弱环节。组织可能在产品的设计和制造方面投入了大量工作，但产品的成功存储和运输也很重要。这就要求我们对产品使用的包装、装运区域，以及产品存储和一般处理过程，进行评估。另一个潜在的薄弱领域是成品问责制：如果产品在存储和运输时受损，如何发现问题并返工？

对组织而言，供应链管理可能非常复杂，但这并不意味着它必然有很多问题或潜在缺陷。即使是最复杂的组织也可以拥有经过深思熟虑的供应链和库存管理系统，它们能够高效且顺畅地运行。它的形成原因部分来自经理们确实无法以具有成本效益的方式对那样规模的组织进行管理。因此，他们制定了一项计划，将组织分解为多个功能区，并对关键领域的潜在风险和薄弱环节进行评估。这并不难，在进行改进时，我们能够看到它所带来的好处，并可以据此衡量组织的成功与否。当经理开始觉得他们对供应链的各个要素都有更多的控制力时，就会对这种类型的流程改进产生更多的兴趣。

> **强力工具**
>
> 随着对薄弱环节进行改进，成本和时间管理也得到了改善，其他管理者也将加入这一行列并实施同样的理念，这有助于组织的整体进步。

强力工具汇总

- 使用合同进行购买，是为了澄清某些关键事项，并确保合同中的某些条件能够实现，而这些条件对组织而言是必需的。
- 可以让善于谈判的人员就合同进行协商，设定采购条件并消除部门中可能周期性出现的协商弱点。
- 对于你想与之合作的公司，最好做个调研以获取一些背景信息。通过一两次小额采购来测试它们的流程和能力，以确定未来关系的方向。

- 互联网能让组织被全世界看到,并介绍了组织的历史和架构,以及它的产品、定价和订单功能等。
- 与国外组织开展业务时必须注意确保与采购代理进行联络的人员精通相关语言,并且确保沟通渠道顺畅。
- 经过适当培训的进料检验人员能够在阻止不合规物料方面为公司节省时间,并在避免生产返工方面为公司节省费用。
- 为产品而设计的库存管理系统是"简化思维"的一个范例,它可以节约物料以及人力资源的时间和成本。
- 正确的物料存储方式可以减少这种混淆现象,对这类流程进行较好的设计也可以帮助更好地寻找、存放和分隔产品,将不合规的物料与其他生产物料区分开来。
- 随着对薄弱环节进行改进,成本和时间管理也得到了改善,其他管理者也将加入这一行列并实施同样的理念,这有助于组织的整体进步。

// 第 11 章

为效率而进行组织

当组织考虑降低成本时，通常会将重点放在消除一些不必要的事物上，这往往指向人力资源。这可能是一种例行公事，或是某些习惯于以这种方式降低成本的经理们的思维定式。虽然消除某些事物可以降低成本，但是也可以通过对需要消除的事物进行优化来改进这种方法，以实现目标。使用"简化思维"的项目经理必须从组织的角度来看待他们的项目。组织代表了一种高效流程，但不一定要通过消除的方式来实现。对经理而言，重要的是了解组织的概念以及部门内可供选择和替换的方案。

因为组织工作的流程始于正确的思维方式，所以我们必须了解实际上所要组织的事物。组织工作是一个需要"简化思维"的流程；你需要构想一个目标，然后按步骤顺序完成该目标。"简化思维"仅采用实际需要的步骤，评估每个步骤所需的资源，并将这些资源以最有效的方式排序或分组。组织工作则非常相似；它需要对事物进行排序和划分以便更好地进行组织。这种思考方式可以应用于多个方面：思想的组织，工作方法，直接工作空间的组织，以及部门的组织等。评估每个步骤所需的事物、分组或分类，以及重新排序以实现更高的效率等，都是以流程形式进行思考的过程。

当我们将组织工作理解为一个流程时，就可以像使用流程一样利用它来实现目标。经理在开发流程时，可以创建一个步骤（任务）清单，用于评估部门的实际组织方式。如果将降低成本列为目标，则使用组织的方式能够使经理专注于他们所拥有的事物、所处的时间以及为何使用组织的方式，而不再专注于他们所拥有的数量和可以消除的数量。这种方式要求经理从组织方面分析自己的部门，例如评估工作空间效率、资本设备安置和人力资源分配等。这种组织方式可以在组织内的任何层级使用，并可以应用于组织内的大多数功能领域。同样重要的是，我们应当理解，组织源于思维方式，因此经理必须首先在自己的思想中进行组织，并对他自己完成工作的方式进行组织。

强力工具

考虑事物的内容、时间和原因，而不是考虑其数量，可以迫使经理将部门作为一个流程进行评估，而不是只在其中看到执行中的工作或人力资源的数量。

强力工具

当经理开始从组织的角度以"简化思维"的方式进行思考

时，经理就能够以组织的视角来看待部门和资源。

当组织工作成为一个流程，它就可以被组织中的其他人所理解，并成为组织文化的一部分。这个任务并不容易，因为一些经理可以看见组织工作的价值，而另一些则根本没有组织的头脑，他们会认为这给他们的管理职责造成了困难，意味着更多的工作。经理在传达组织工作的价值时，最好的方式就是举例。这可以从经理自己部门的组织工作以及部门内发展出的组织文化开始。

强力工具

有组织的部门所带来的好处是其他部门和经理有目共睹的，这证明了组织工作作为一个流程不仅可以提高部门效率，还可以改进流程。

应该在哪个层级进行组织工作？

当我们分析如何以最佳方式开展组织工作时，应当了解这项工作在组织内的三个主要层级都可进行：

1. 高层——对组织进行监督的管理层人员；
2. 中层——对部门进行监督的中层管理者；
3. 低层——直接工作领域。

高层

与其他流程一样,当组织中的所有人都接受自上而下的理念时,就可以实现最佳结果。当中低层管理者以及组织中的其他人看到高层管理者所做的投入时,就会对他们正在实施的工作有更多的可信度。高层管理者可以从业务划分方式、所在业务领域、制造和销售的产品,以及所选设施的用途和位置等角度来审查组织。在这个层级上开展组织工作最好从组织或公司创立之初开始,但在大多数情况下,高层管理者可在组织存续期间随时对其进行审查。这对高层管理者而言不是一个新理念;许多组织在历史上都曾进行过重组。重组的原因可以是裁员、改变战略目标或通过收购来扩张组织等等。在这种情况下,高层管理者会根据业务需求做出变更,其中可能包括也可能不包括提高效率。因此,真正的问题是,为何要进行这些评估,以及应该采用何种方式做出变更。

当高管们从效率的角度看待重组时,需要对目标和"简化思维"方式有一个清楚的了解。有时,对高层管理者而言,走出降低成本的思维误区并不容易,因为这通常需要他们对员工或设备的减少进行评估。

强力工具

高层管理者需要考虑的关键问题是如何提高组织工作效率,这可能只需要他们对现有工作进行重组,其中可能包括也可能不包括消除一些他们认为不必要的事物。

为更好地说明这一理念，我们可以看一下二手车行的例子。二手车行的所有者研究了许多车辆并根据市场需求进行采购，但并没能够像预期那样快速地销售车辆。正如市场研究所显示的那样，经销商拥有正确的库存车辆和具有竞争力的价格——那么究竟是什么原因导致了这一问题？有时，市场营销是一个关键因素，其方法是查看车辆在车行的摆放位置。这要求经销商放弃"消除"的思维方式（将"非畅销"车辆带回拍卖），并引导他对目前拥有的车辆进行"组织"。对特定车辆进行分组，比如，所有卡车在一个区域，轿车在另一个区域，跑车也有一个区域，这使得客户可以对车行某一特定区域中的类似车辆进行比较。他们可以更轻松地评估车辆的型号、颜色、配置和定价等，并更快、更好地达成交易。经销商无须"消除"任何车辆，只需重新对已有的库存进行安排。我们还可以决定，在当年的某几个季节中，将部分关键车辆放置在所有经销车辆的前排，这能够让感兴趣的客户更快发现这些车辆。

强力工具

这就是组织思维，它可以使你专注于为提高客户效率而制定布局结构，而不是为了效率"消除"和降低成本。

这种思维方式可以应用于商业战略，以确定正在使用的设施数量和种类，或者是否可能有设施位于供应商和/或客户及原材料的附近。如果更具组织性的计划能够提高效率，则高管就拥有了进行变更的力量。提高效率的最终结果通常是提高资源利用率并降低成本。

中层

中层管理者在理解"为提高效率进行重组"和"为提高效率而采用消除措施"之间的区别时，也适用同样的思维过程。经理也必须表示出对这一理念的认同，才能使部门中的其他人也接受这一流程。部门中的其他人必须看到经理对这一方法的可行性深信不疑，或者看到如果他们不这么做，工作可能难以成功完成。我们也可以使用汽车经销商的例子，来说明负责服务区和技工车间的中层管理者。

作为经销商内部的一个部门，经理有责任以最有效的方式利用空间。为提高效率，经理需要将"减少"或"消除"的思维过程转变为简单的重组。这可能需要对技工车间的布局进行审查，并对工作职能进行更好的分组，例如，更换机油在一个区域，轮胎更换和换位在另一个区域，然后将技工服务车间分在单独的区域中。为更好地组织这些区域，技工只会拥有在该区域内执行指定任务所需的工具和服务设备。这一流程并没有消除任何事物，却对各个区域进行了更好的组织，提高了效率，并使技工专注于自己被指派的服务类型。这也可以暴露出一些未利用的空间，从而可以将其用于其他方面，或者开启前所未有的其他服务类型。

这种组织思维可以应用于企业内部的中层管理人员，让他们对自己的部门进行评估，以便以最佳方式利用人力资源、资本设备和设施空间。

> **强力工具**
>
> 中层管理者可以通过挑战自我来培养这种思维方式：
> - 仅限于通过重组方式来降低成本；
> - 不许使用"减少"或"消除"的方式。

组织思维迫使经理在更好的组织中做出必要的改进，从而以更具成本效益的方式运营自己的部门。经理为实现这类改进，必须查看部门的布局、工作空间、人力资源流通模式等。经理也可以通过这种方式训练自己的思维过程，以遵循有组织的"简化思维"方式，从而摆脱"减少"和"消除"型思维模式。

低层

在特定工作空间内进行组织，与中高层组织工作一样重要，因为它会带来同类结果。工作空间的组织工作通常可通过两种方式实现：

1. 任务工作者负责制——指的是特定工作领域的任务工作者就该领域对组织负责。如果经理认为合适，他也可以授权该工作者对该领域进行评估，以确定是否能通过更好的工作空间布局来提高效率。这使得工作者可以获得工作空间的所有权，并允许他们为实现更高的效率做出有益的变更。这些直接参与该流程的资源往往对如何提高效率有更好的想法，因为他们每天都在处理效率低下的问题。工作领域中发生的任何变更都应该经过经理的审批，而变更的合理性也需要得到验证，以确保其能更好地组织工作空间。这也使得工作者能够融入整个公司的组织工作计划中。

2. 流程或制造工程师负责制——如果组织拥有流程或制造工程方面的资源，则经理可以决定利用这些资源对工作空间进行评估。流程和制造工程师往往被指派为工作空间的设计者，他们需要在考虑效率和组织的情况下对这些领域进行评估。许多时候，这些人员对工作空间的看法会与任务工作者或经理有些许不同，因为他们往往从流程的角度来看待工作空间。任务工作者往往已形成了"规范"或习惯于现有的工作空间，他们可能无法发现效率低下的情况，并且即使在不得不改变的情况下也踌躇不前。而在另一些情况下，任务工作者可能仅因为不喜欢改变而迟迟不做出改进！有时，制造工程师可能希望与任务工作者一起工作，以便在重新组织工作空间时能够获取他们的意见来解决问题。这再次将关注点放在了对工作空间物料、设备和人力资源流动的组织上，而并非减少或消除它们。

在低层次上对工作空间进行评估可能产生不错的结果，因为这个层级的组织工作相对简单且迅速。在这一过程中，可能会发现一些不再需要且可以消除的事物，但我们的重点是通过重组来提高效率并优化工作空间。组织工作的注意事项包括以下内容：

1. 放置特定工具或物料——包括如何定位、装箱和置于任务工作者附近。

2. 安排流程顺序，优化任务工作者的移动量——任务工作者在移动时需要耗费能量和时间，如果能够优化物品的放置位置，则可以减少工作者的移动量，并因此缩短执行流程所需的时间。

3. 将工作者在工作中需要用到的计算机程序和文件放置在合适位置——如果网络系统的程序或文件没有组织好，那么工作者在完成自己的任务时可能需要花费大量时间寻找相关信息。对计算机网络上的事物进行组织，或者将它们整合到网络功能区域，可以帮助工作者更高效地使用这些程序和文件，从而节省时间。

经理必须意识到，在这个层级上，特别是在重复出现相同情况时，即使是最小的改变也会带来一定影响。因为小改变会在部门和组织中累加。对员工来说，这也是一种很好的培训，可以帮助他们培养有组织的思考方式，并使他们在工作时更有组织性。从长远来看，这种类型的培训是值得的，因为组织中的大多数人都拥有了精简高效且有组织的思维方式，这将使多数资源都更关注细节，并能够在所有层级都提高效率和降低成本。

强力工具

为使各个层级的管理人员和员工都能更好地开展组织工作，需要对他们进行培训，这能够帮助组织创建一支更具智慧的员工队伍，这一方法的价值将通过组织工作的不断升级得到证明。

融入设计

我们在使用组织思维进行审查时，会在一定程度上受制于我们的思维定式和看待事物的方式，以及我们对事物的安排或排序方式，因此，我们需要更进一步将这种组织思维方式融入设计当中。在设计流程和工作空间时，我们从一开始就应该考虑最有效的方式。在工作开始后，随着时间的推移，工作空间会发生变化。任务工作者可能会移动物品，而额外的、不必要的事物也可能逐渐在工作空间内堆积。这不是任何特定个人的错，而仅仅是无意识地偏离最佳组织的行为。（如果员工接受了有关组织思维的培训并加以利用，就有可能避免这种情况。）

在最初创建公司、部门和工作空间时，都应该将组织工作放在首位，但如果它们已处于存续状态，则应通过评估来优化组织方式。在部门内创建执行流程时，应从一开始就对组织工作进行设计，但这需要流程设计人员有这个意识。具有创造性和组织性的流程开发人员往往会在开发流程时对组织工作进行审查并将其融入设计。从一开始就拥有清晰的组织结构，能够使流程开发过程更稳固和顺利。因此，员工能否理解这种方式并按照这种方式实施非常重要，而公司中的大多数人尚不具有这种意识。如果员工已经能够将组织工作融入流程设计中则最好，但有一些员工可能必须经过培训和练习方可实现这一目标。

> **强力工具**
>
> 若要在设计时将组织工作融入流程,一个重要的因素是"简化思维",它要求我们仅保留流程所需的事物,并考虑如何安排流程才能实现空间利用最大化和资源移动最小化。

成本效益

在大多数情况下,我们能够通过组织工作提高效率,这也相当于节约成本。提高效率还可以为公司带来其他好处,例如,改善资本设备和物料的利用率、设施空间以及人力资源的利用率等。当我们通过组织工作评估效率时,我们应当牢记,我们追求的是资源的优化配置,而不一定需要减少或消除资源。举个例子,如果两个流程都需要相同的设备或物料,则最好将这两个流程安排在相邻位置,这样既能减少人员的移动量,也能实现设备或物料共享。在某些情况下,对两个流程进行整合可能带来多个结果,包括设备、设施空间和人力资源的优化使用等。通常,公司根据流程内的要求不得不购买某些设备或物料。如果在设计流程时为组织工作留有余地,则公司就能在采购中节约成本,并且最初只需投入较少的设备和物料。

如果必须对设备和物料进行研究、采购和安置,就需要人力资源花费额外的时间。如果通过优化流程,需要采购的物品更少了,则减少的不只是采购物,也是用于采购的时间。对流程或部门进行组织其实是一种"简化思维",最终将运营过程中的不同领域连接在一起。当运营更有组织也更有效时,其他领域也会因此受益。组织工作源于个人,并最终产生有组织的行为。这种行为带来有组织的工作,从而使运营更高效,并节省了时间和金钱!

强力工具汇总

- 考虑事物的内容、时间和原因,而不是考虑其数量,可以迫使经理将部门作为一个流程进行评估,而不是只在其中看到处于执行中的工作或人力资源的数量。
- 当经理开始从组织的角度以"简化思维"的方式进行思考时,经理就能够以组织的视角来看待部门和资源。
- 有组织的部门所带来的好处是其他部门和经理有目共睹的,这证明了组织工作作为一个流程不仅可以提高部门效率,还可以改进流程。
- 高层管理者需要考虑的关键问题是如何提高组织工作效率,这可能只需要他们对现有工作进行重组,其中可能包括也可能不包括消除一些他们认为不必要的事物。
- 这就是组织思维,它可以使你专注于为提高客户效率而制定布局结构,而不是为了效率"消除"和降低成本。
- 中层管理者可以通过挑战自我来培养这种思维方式:

- 仅限于通过重组方式来降低成本；
- 不许使用"减少"或"消除"的方式。

● 为使各个层级的管理人员和员工都能更好地开展组织工作，需要对他们进行培训，这能够帮助组织创建一支更具智慧的员工队伍，这一方法的价值将通过组织工作的不断升级得到证明。

● 若要在设计时将组织工作融入流程，一个重要的因素是"简化思维"，它要求我们仅保留流程所需的事物，并考虑如何安排流程才能实现空间利用最大化和资源移动最小化。

// 第 12 章

对变更进行管理

每个组织都需要不断评估其商业环境、市场和竞争对手,以确保组织的整体战略目标正确。这种评估可以看出组织是在正确的架构上朝着商业目标前进,还是需要进行改进以便更好地与战略目标保持一致。当组织不得不做出重大改变时,可能会对管理层造成极大压力。

在评估组织成功的可持续性时,通常可将组织分为两类:一类具有完善的结构、能够在无须重大变更或只需很少变更的情况下满足战略目标要求;另一类则需要进行重大变更来与战略目标要求保持一致。这不是新老公司之间的比较,也不是大型企业和小型企业之间的比较,而是对管理层能在多大程度上维持运营并保持与战略目标相一致的步调进行评估。较老的公司可能在早期就做出了重大改变,从而鉴于其市场份额,可以在无须进一步重大变更的情况下与战略目标保持一致。另一方面,较老的组织也可能意识到,为保持它们在市场上的竞争力,不得不进行变更,从而给管理层施加了更大的压力。

新组织也可归入这两类中。作为新兴实体，它们也许能够适应自己的市场，具有竞争力，并拥有符合其战略目标要求的完善结构。但这些新公司也会发现，随着它们在市场上不断成熟，为保持竞争力，它们也需要逐步做出改进，这同样会给管理层带来很大压力。对大多数组织来说，变更是不可避免的。问题是组织如何为重大变更做好准备？

尽管改变的意图是好的，但它是组织的成败点，因为它可能对组织造成损害或破坏。管理层应该扪心自问：为何要做出改变？如果组织通过评估确定其必须做出重大改变，则也只能在它拥有完备的变更流程时才可做此尝试。变更中缺少数据、规划、结构化的方法和测量系统，往往使管理层只关注变更所需的事物，却未通过对变更进行规划和实施来确保期望的结果。我们应将变更视为改进组织的系统方法，而不是令人生畏、风险密集的赌博。

为何都要改变？

组织会从不同角度看待变更的必要性，其中可能包括市场战略定位的成功与否、组织的整体效率和盈利能力，以及组织业务的一般性质。变更并非总是必要的，但必须通过测量、数据收集，以及数据与预期战略目标之间的比较，来证实其合理性。有些组织不愿做出重大变更，因为它们缺少能够对变更进行管理的资源，或者是为了避免与变更相关的重大风险。组织内多数重大变更都来源于对组织市场地位和成功与否的评估。

市场地位

有些组织在其高层管理人员看来市场地位稳固且无须进行改变。虽然这种观点似乎可以接受，但这更多的是一种看法或感知，并无实际数据支撑。高层管理人员想知道他们是否真的实现了战略目标并在市场上取得成功的唯一方法就是审查数据。只有数据才能告诉他们是否应该做出改变，因此他们需要制定行动计划。

产品和利润

组织可能会发现，它们在市场中处于有利地位，却难以保持期望的盈利能力。这可能是产品组合或价格竞争的结果，也可能意味着组织可以做出一些改进以增加利润率或减少运营开销。在大多数情况下，这种类型的变更都发生在中层管理者身上，并且通常以流程为导向。

如你所见，流程在组织中非常重要，并且可以通过多种方式评估和改进。我们可以在工程、制造、装运和接收、库存控制、供应链管理，以及人力资源和行政部门等方面进行较小的改变。产品和组织制造商也可以对所使用的物料以及创建产品的流程进行改进。这些改进可以提高产品利润率，并减少产品生产过程中的开支。

技术进步

变更可以是一般的商业性质，也可以出现在技术对业务的促进作用中。当组织盈利并成功实现其战略目标时，管理层可能会陷入一个舒适区，此时任何建议都可能被认为是杞人忧天并遭到拒绝。多年来，技术为行业提供了新的、更有效的方法来完成业务流程。经理即使对自己在业务上取得的成绩感到满意，也需要关注新技术，以确定是否有提高组织效率、提高利润率和减少开销的新方法。

管理层还必须意识到，如果市场上出现了新的、改进后的技术，他们的竞争对手也可能通过评估这些技术进行改进。

如果竞争对手能够逐步改善开支和效率，这将使他们在市场上获得竞争优势，因为他们可以降低价格或者以更低的费率提供服务。这将给组织带来额外的压力，组织通常就是在这一过程中逐渐失去市场地位的。管理人员必须不断寻求改进并做出改变，因为竞争对手也会这样做。

变更带来的问题

当经理们问为什么要做出改变时，这其实就涉及了围绕流程变更产生的四个基本方面的担忧：

1. 人们不喜欢改变。

2. 改变会带来风险。

3. 可能缺乏数据。

4. 需要投资。

中高层管理者以及大多数的基层员工，都会发现在面对变更时，自己是在与人性做斗争，因为没人喜欢改变！这主要是由于改变会带来一系列的问题。这可能涉及变更的类型，因为有些变更对经理而言更容易实现，而另一些变更则更难。这也可能是由于组织未明确定义内部变更流程。如果组织内没有既定的变更流程，则无法就成功进行变更所需的重要步骤向经理提供指导或只能提供很少的指导。因为经理自身不想面对失败，所以他们会避免做出改变。

人们不喜欢改变

正如已经指出的那样，在对变更进行评估时遇到的第一个障碍就是一个简单事实：人性不喜欢变化。管理层中大多数人以及基层员工，都希望他们所负责的事情能够顺利进行，因为这可以给他们带来一定的满足感、安全感和自信心。虽然我们的目标是让工作能够顺利进行，但经理仍应不断地审查其流程，以确保正确执行这些流程并评估任何可能的新改进。人们不喜欢改变的另一部分原因是对未知事物的恐惧，以及对计划外风险的担忧。这种感受是可接受的，因为这正是我们内部自查系统对变更有疑问的副产品。这不是什么坏事，但需要通过组织化、结构化的变更流程对实施变更的原因和方式进行查验。

强力工具

当人们看到有组织的变更控制流程所带来的积极结果时，他们就更愿意参与到变更当中！

改变会带来风险

人们最担心的是任何程度的改变都可能带来潜在风险。如你所见，风险是不可避免的，但经理不应将变更拒之门外，因为我们可以对风险进行识别和规划。风险确实代表了未知世界，但其实对于与变更相关的风险，人们了解的远比你想象的多。

在制定变更计划时，可以对变更流程中的每个步骤进行评估，以确定是否存在问题。如果确实有，我们可以对潜在问题进行识别并制定应急规划。项目经理就是使用这种工具来了解项目路径，并在问题发生前做出规划。识别风险和制定应急规划可以减少与变更相关的压力，因为它们减少了未知因素。风险可以成为变更计划的一部分，并具有可见性，它消除了变更中的许多未知部分。

可能缺乏数据

组织在开发时不可遗漏的一个重要流程是对数据进行评估和分析，并据此做出决策。中高层管理人员在组织内做出的一些决策可能仅仅基于他们自己的情感或看法。有的组织几十年来基于情感和看法做出的决策确实取得了不少积极成果。但如果我们回过头来对这些似乎是基于情感和看法做出的决策进行分析，我们可能会发现这些看法实际上是基于高管某种程度上的认知，只是它们看起来像一种看法。如果没有数据对决策提供支持，那么这个决策更像是一场赌博，其风险程度要高得多。

经理应该尽量基于实际数据做出决策，依据实际情况证明其合理性，而不仅仅是根据看法或情感。尽管这些数据可以证明行动的合理性，但这仅仅针对行动，而不是实施该行动的方式方法。数据还将告诉我们需要何种类型的变更以及变更的程度。

强力工具

> 欲做出变更时，了解与变更相关的真实数据有助于经理对变更原因和预期结果更有自信。

在做出变更后，数据还可以提供一个测量系统，对变更成功与否以及变更的可持续性进行验证。

需要投资

组织需要不断评估为实现战略目标而进行的投资。投资可能包括购置设施、资本设备和人力资源，但并不总包括组织内部变更所需的投资。如果高层管理者必须对某个重大变更进行评估，则变更时面临的一个重要问题就是所需投资被低估了。尽管高管们可能一致同意进行变更，但更大的争议可能在于实施变更所需的投资。实施变更所需的投资也存在与之相关的风险。投资可能包括对那些从常规职责中抽离的人力资源进行分配、资本设备的使用，以及实施变更所需的现金流或信用额度等。设计变更实施细则需要时间、资源，并需要对所需资源的种类（投资）和其在必要时的可用性进行仔细评估。

中高层管理人员必须了解围绕变更而存在的固有问题，例如人性和拒绝变更，相关风险，缺乏数据证明变更的合理性，以及实施变更所需的总体投资等。虽然这些都是真实的问题，但如果采用变更流程对实施过程进行组织，我们就可以根据变更的类型将问题最小化。

变更类型

中高层管理人员可能会发现组织内的各个层级都需要变更。经理可能还会发现，根据不同的变更类型，有些拟议的变更已获得批准，而其他则被拒绝。变更的类型也在很大程度上决定了组织为实施该变更而进行资源扩张的数量。在大多数情况下，变更可能带来的利益与正在进行的变更类型成正比。

这是变更的一个重要方面，因为拟议的变更目标或利益应该与做出变更所需的时间和资源相平衡。如果最终实现的改进能够抵偿实施成本并带来可持续利益，则该变更就具有成本效益。因此，变更的类型很重要，它可以决定组织的投资水平，以及该变更预期可能带来的风险和潜在结果。组织可以对多种类型的变更进行评估，例如组织结构、业务和产品组合类型、流程、政策以及文档等。拟议的变更类型同样可能决定了所需的审批流程以及参与评估的人员。

组织结构

组织是在其多方面业务的基础上构建的，其中可能包括组织的规模、所需设施的数量以及组织所拥有的不同业务类型等。在组织结构中，运营通常可分为高层管理结构、中层管理结构，并且根据组织规模情况有时还存在低层管理结构。组织结构变更的复杂程度不同——这取决于变更发生的组织层级。例如，更换公司董事会成员或高层人员可能会比更换部门经理或生产线主管稍微困难一些。

这种类型的变更非常重要，而且必须通过一个变更流程来确保不会遗漏任何必要的步骤并正确执行所有与变更相关的工作。流程中还将包括一些数据，它们为相关职位设定标准并对职位候选人进行评估。对现有结构和职位的评估，可以用来验证管理的有效性。这其中可能包括增加中层管理人员以更好地监督组织内的各个部门，还可能需要减少管理层级以便更好地整合管理结构。与其他变更一样，我们必须对这些类型的变更的成本效益进行评估。在增加管理人员后，增加的开销是否能对组织产生成本效益，或者只不过是增加了另一个管理职位？这些类型的变更很难通过真实的成本节约数值来进行量化。我们需要根据当前的资源分配情况和其他过度工作的管理人员的意见来确定这种决策类型是否合适。

组织结构的变更通常包括人员的增加、减少或整合，但也包括管理层的重新分配。这种类型的变更对各个经理的技能进行了评估，以确定他们是否能在不同管理职位上发挥更大的作用。这种类型的变更有利于组织更好地利用当前资源，而不需要增加管理资源，也不会继续当前资源利用率不足的情况。

业务类型

组织都有战略目标，但随着市场条件的变化，组织可能不得不做出应对。其结果可能是组织完全离开原先的某个市场，而必须用新的战略目标迎合一个不同的市场。如果组织决定参与某个完全不同的市场，那它需要在组织内的所有层级做出重大变更。如果组织监控到了产品类型和数量的轻微变化，则组织可能只需要对其产品类型和产能进行微调。

有的组织在某一特定市场取得了成功，但同时也发现了另一个市场或完全不同的某个市场中的机遇。这可能需要组织创建独立的基层业务部门，并进行相应的重组。这不仅可以被视为一种重大变更，高层管理者也可开发一套流程，评估该层级的变更情况并加以实施。

无论是对组织中的何种变更进行评估，是针对完全不同的市场进行全盘重组，还是只增加新产品，或是通过扩张或收购增加其他的业务部门，组织都需要一个变更流程。此类变更还需要收集和评估数据，以便更改业务战略目标。变更也存在着与之相关的风险，以及实施该变更所需的投资，这种投资也将成为变更流程的一部分，且组织内的所有层级都可能需要此类投资。

> **强力工具**
>
> 制定变更流程有助于在实施管理的过程中对其相关部分开展组织工作，并确保变更取得成功。

流程变更

在较小规模上，定期发生的变更往往涉及相同的部分，我们需要在变更流程中进行管理。流程是组织为实现战略目标而对任务进行系统的分组。如同高层在组织构建过程中发生的变化一样，组织流程的变化同样十分重要。制定流程时必须拥有一个目标，另外，如你所见，我们还需要进行流程评估，以实现最高效率、最高的资源利用率、消除浪费，并为最有效地完成目标而开展组织工作。因此，只有在对流程相关领域进行测量并发现可改进之处后，才能做出相应变更。然后，我们应遵循变更流程，以规范流程评估、变更、测量的方式，实现变更的效力。这就是组织如何通过组织工作来控制流程变更。

政策变更

组织制定政策用于管理组织的各个要素。这些政策可以涉及开展业务的方式、控制人力资源的方式、安全管理的方式以及会计实务的控制方式等。在更改政策之前,需要考虑政策变更本身的复杂程度、风险以及对组织的影响。

控制人力资源活动和行为的政策可能对雇佣关系产生极大影响,并可能涉及相关法律。变更安全政策可能会带来更安全的工作环境,也可能产生漏洞而出现不安全的状况。与组织内部的其他变更一样,我们必须收集数据并记录相关情况;然后,根据该数据,起草新政策来改善当前政策。同样,只有在评测当前政策的基础上,才能确定政策变更的合理性。制定变更流程还可以规范政策评估流程、变更提案流程、风险评估流程,以及为合理变更而进行数据采集和评估的流程。拥有这方面的规范,有助于控制组织中的这一领域,并根据需要控制政策变更的人员、内容、时间和方式。

文档变更

政策、程序和任何出现在组织中的记录都应该有据可查,如果组织尚未建立这一体系,那我们应当打造这种文化。这将涉及工程、制造、供应链管理、库存控制、会计和人力资源等。

文档是组织上下为执行其组织工作、政策以及程序所形成的一种书面形式,也是建立并维持规范和控制的方式。

组织开发了一个规范的文档化流程后,就亟须建立一个变更控制流程。变更流程之所以至关重要,是因为它控制着文档的更新方式以及如何将更新后的信息传达给使用该文档的相关员工。这通常由专门人员或主管文档控制的部门来进行管理。任何提议更改文档的人都必须遵循既定的变更控制流程。变更流程所需的信息可能包括以下内容：

- 对变更范围和必要性的书面描述；
- 要求变更的人员所做的陈述；
- 能够说明变更事项的支持文档或数据；
- 对拟议的变更进行评估、审批和签字确认的人员名单；
- 变更事项所需传达的人员名单。

拥有这些信息，我们就能够在此基础上记录、评估和验证变更所需的事项，并充分发挥变更带来的效力。

强力工具

将变更控制流程作为组织的既定标准，可以增强组织在维护流程、程序和政策质量的过程中所必需的一致性和控制力，从而有助于确保组织的内部效率。

变更是一个流程

正如我们在组织中的许多领域所看到的那样，我们可以通过建立流程来记录、规范、控制和传达任务的执行方式。变更也是组织必须执行的任务之一，因此它应该有一个既定流程。当变更流程确立后，无论何时，组织中的任何地方需要变更都可以使用这一流程。组织可能会发现，它们在文档中规定了一个变更流程，但在政策和程序上，这一流程略有不同，而同时它们又制定了另一个更适合人力资源或组织结构的变更流程。无论变更发生的层级或变更类型如何，都应建立一个流程来记录和控制实施变更所需的步骤，以实现变更所要达到的目标。

变更流程主要包括四个步骤：提案、实施、传达和测量。

提案

- **收集数据**——确定是否需要变更的第一个步骤是，测量目前正在进行的工作。如果这涉及组织结构或取决于业务类型，则更多的是一种定性评估，主要对组织目前的状况进行记录。如果涉及流程或政策变更，则可以使用实际数据或测量值来进行量化，以确定是否有必要进行变更。只有在收集的数据质量良好的情况下，采用这种方式对变更的内容进行验证才能发挥应有的效力。我们应当知道，整个变更流程始于良好和准确的数据。这为变更的合理性奠定了基础，也为测量变更是否真正取得成功建立了基线。

- **制定业务需求**——在对相关数据进行收集和评估后，就可使用这些数据来制定变更请求的细节和范围。这与收集正确数据同等重要，因为它以一种易懂的形式简要地向那些对变更必要性进行评估的人员阐明了数据的真实含义。当数据评估人员了解了变更的必要性后，它就将成为一种业务需求，并被证明是一种改进。这是变更流程中的关键一步；我们必须明确业务需求，以证明实施该变更所付出的成本和承担的后勤工作是合理的。

- **提出变更**——在收集数据并明确业务需求后，应该以提案的形式阐明变更需求。它可以是一份简短声明，简单概述变更细节，我们称之为变更流程表。它也可以是一整份复杂的书面提案，列出所有的细节，包括图表、图形，以及为了清楚阐述和说明变更范围所需的所有相关图纸或文档。这个步骤也很重要，因为这是在审批变更时将变更细节传达给其签字确认人的方式。其重要性不仅在于所收集的数据的准确性和完整性，也在于数据的呈现方式以及是否能明确展示这一变更将会带来哪些改进。

- **验证和签字确认**——与拟议的变更有利害关系的人员或与变更中的流程有一定关系的人员应该对该变更进行评估。例如，对中层管理结构进行变更就需要由高层管理者进行评估，以确保该变更符合业务需求。同样，流程变更需要由流程创建者、流程的现有使用者、其他诸如质量或制造工程师之类的相关人员，以及熟悉该流程并了解流程变更后的影响的业务经理，对其进行评估。如果变更的是政策，则相关部门经理、人力资源部门、安全委员会以及高管人员或组织所有者都应该对政策变更的需求和影响进行审验。

不仅在将拟议的变更传达给可能受其影响的人员时需要进行签字确认，在验证变更是否能产生预期结果时也需要签字确认。这使得我们能够取得有关该变更的更多信息，并可能察觉他人尚未发现的缺陷，或者可以对原方案略微进行修改，以确保并强化该变更的成功率。这就是如何有效地管理并控制变更，以实现改进，并尽可能消除风险。在这一步中，个人签字确认即表明他们已经审查了变更的细节和范围，并批准了实施变更所需的步骤。这是变更流程中的一个重要环节，因为它使得那些有资格做出判断的人员都需要对变更承担责任，而不再只由请求变更的人员承担责任。这同时也表明其他利益相关方或相关部门也参与了变更的审批过程。

实施

- 进行变更——在变更得到签字确认和批准后，就可以开始实施了。在组织内实施变更可能很容易，也可能很难。如果那些受变更影响的人了解变更的必要性，那实施变更将受到欢迎，因为他们确实需要改进。如果人们认为不一定需要变更，那么那些未提出变更或根本不了解变更能够带来改进的人会抵触它。在将要进行变更时，通常最好先对变更的意图和预期结果进行沟通，这样才能为实施变更的其他步骤做好准备。

如果事先对变更进行了沟通，则可以解答一些问题，并分享一些细节，从而帮助人们了解变更的益处和结果。这也有助于改善那些受变更影响的人的普遍态度，并可能提高人们在实施变更的过程中的接受度和参与度。由于沟通在组织的许多情境和各个层级中都很重要，因此它在实施变更时也很重要。

- 管理变更范围——在实施变更时，我们必须注意到，对需要变更的事物而言，具体的变更细节从一开始就已非常详细地记录在案。这就是所谓的变更范围，它只围绕着需要变更的事物定义参数。因此，在原始提案中概述变更的具体细节非常重要，它可以确立变更范围，从而在实施变更时，只允许对已确认的事物进行变更。

在实施变更期间，很容易试图去解决与此变更无关的其他事项，或扩展变更工作，对事物进行不正确且与记录不符的更改。这就是为什么需要按照文档中概述的细节和范围对变更进行准确的记录和评估，以确保变更的有效性。

变更所涉及的风险之一就是，未进行正确的变更，或实际变更的事物多于最初的预期。管理此变更的负责人也应该对实施变更时的工作范围进行管理。此外，变更管理者还必须在实施过程中密切关注变更细节，以确保所有工作都根据已形成文档的变更计划进行。通过变更，组织是否能实现改进的目标，在很大程度上取决于它是否能坚守其变更范围，以及它制造的问题能否比它解决的问题更少。

- 公告变更——当实施完毕后，变更管理者应记录所有已完成的步骤，并对变更流程进行审验。与项目管理一样，变更流程很像一个项目，有一个立项、一个完成以及一个目标或交付成果。重要的是，变更流程要有一个明确的完成点，以确保变更范围内的所有要求都已满足。变更流程可能会要求最终以正式签字确认的方式验证变更的完成情况。

其间可能还会生成其他相关文档，如根据新变更做出的发票、测试结果、图纸或说明等，这些文档需要根据文档控制的相关规定进行更新。这是变更流程中至关重要的一步，因为虽然变更已经完成，但与变更相关的所有文档仍只反映了过去的状况，我们需要对其进行更新以反映出此次变更。这可以通过沟通的方式进行，以表明某些事物已得到了更改并已实施完毕。

传达

- 创建一个应知会的人员名单——变更流程开始时会确定哪些人需要对变更做出评估，与此非常类似的是，我们同样需要生成一份传达人员的名单，以告知他们变更已完成并已准备就绪。这应当包括在流程开始时那些对变更做出原始评估的人员，但也应当包括其他人，如部门经理、高层管理者或任何需要知道该变更已得到实施的员工。

这也是变更流程中的另一个重要步骤，因为良好的沟通可以有效地将所做的变更传达给整个组织，从而节省了时间和金钱。当变更发生时，周围的人可能会察觉，也可能不会察觉，但变更的结果应当能以某种方式进行测量，这样人们就可以看到变更带来的不同之处。对于期望改进的人来说，知道变更已经完成很重要，因为这样他们就能知道改进何时发生。

测量

- 回到原始数据——变更的目的是改进，而不是产生不利影响或成为组织的负担。如果数据是在变更开始时采集的，并且尚有改进余地，那么在实施变更之后，我们可以使用相同的数据来验证变更的成功与否。这是变更流程中的一项要求，它不仅可以对变更成功与否进行验证，还可以证明变更实施过程中的资源投入及成本是否合理。

没有测量，我们将难以宣告变更流程完结，也难以证实变更的合理性。这也表明，使用系统化、组织化的变更流程可以带来可控的改进。组织可以在所有层级做出变更，使用从定量或定性风险评估中得到的数据，以及应急规划和测量结果中的数据，来查证变更成功与否。

- 确定它是否可持续——对于组织内的变更而言，最后一个重点就是实施变更后的可持续性。这需要查看变更类型和问题解决方案的完整性。有些变更可能比较简单，例如文档或政策变更可能只要重新阐明或更好地表述某些内容，就可提高该政策或文档的质量。这些变更被认为是可持续的，因为它们只是做了进一步的说明。

在最初测量组织结构的变更时，我们可能会认为它是成功的，但我们仍需要时间来验证它是否能够在组织架构造成的其他影响下保持成功。如果组织在功能上进行了分工，并对各领导层的权限进行了划分，那么它的确可能需要进一步变更。只有当部门结构和/或领导工作中的变更情况良好，并且在短期和长期内都将具有很强的可持续性，才能证明该变更是成功的。

如果是流程和/或产品开发这种情况，则可以在实施之后立刻测量变更是否取得了成功。根据详细且准确的监督程序，组织可以获取变更所需的实时数据，从而在需要时做出流程和产品变更。此类变更可进行测量和验证，以确保其可持续性。

如你所见，组织内部的变更是不可避免的，因此组织中的每个人都应该认真对待。组织应开发变更控制流程，并且组织上下都应使用该流程来验证、控制变更的实施，并对其进行成功测量。如果控制和执行是正确的，则变更将带来益处；如果尚未开发出相应流程来对变更的各个部分进行管理，则有可能造成破坏性的影响。变更是组织在市场上改进并保持其竞争力的方式，只要能进行正确的管理，它就能够使组织保持竞争优势。

强力工具汇总

- 当人们看到有组织的变更控制流程所带来的积极结果时,他们就更愿意参与到变更当中!
- 欲做出变更时,了解与变更相关的真实数据有助于经理对变更原因和预期结果更有自信。
- 制定变更流程有助于在实施管理的过程中对其相关部分开展组织工作,并确保变更取得成功。
- 将变更控制流程作为组织的既定标准,可以增强组织在维护流程、程序和政策质量的过程中所必需的一致性和控制力,从而有助于确保组织的内部效率。

Authorized translation from the English language edition, entitled The Operations Manager's Toolbox: Using the Best Project Management Techniques to Improve Processes and Maximize Efficiency, 1e, 9780133064681 by Randal Wilson, published by Pearson Education, Inc., Copyright © 2013 Randal Wilson.

All rights reserved. No part of this book may be reproduced or transmitted in any form or by any means, electronic or mechanical, including photocopying, recording or by any information storage retrieval system, without permission from Pearson Education, Inc.

CHINESE SIMPLIFIED language edition published by CHINA RENMIN UNIVERSITY PRESS CO., LTD., Copyright © 2021.

本书中文简体字版由培生教育出版公司授权中国人民大学出版社出版，未经出版者书面许可，不得以任何形式复制或抄袭本书的任何部分。
本书封面贴有 Pearson Education（培生教育出版集团）激光防伪标签。无标签者不得销售。

图书在版编目（CIP）数据

一本书精通运营 /（美）兰德尔·威尔逊著；杜颖译 . -- 北京：中国人民大学出版社，2021.5
ISBN 978-7-300-28770-6

Ⅰ.①一… Ⅱ.①兰… ②杜… Ⅲ.①项目管理－基本知识 Ⅳ.① F224.5

中国版本图书馆 CIP 数据核字（2020）第 232980 号

一本书精通运营
［美］兰德尔·威尔逊 著
杜颖 译
Yi Ben Shu Jingtong Yunying

出版发行	中国人民大学出版社	
社　　址	北京中关村大街 31 号	邮政编码　100080
电　　话	010-62511242（总编室）	010-62511770（质管部）
	010-82501766（邮购部）	010-62514148（门市部）
	010-62515195（发行公司）	010-62515275（盗版举报）
网　　址	http://www.crup.com.cn	
经　　销	新华书店	
印　　刷	天津中印联印务有限公司	
规　　格	165mm×230mm　16 开本	版　次　2021 年 5 月第 1 版
印　　张	16.5	印　次　2021 年 5 月第 1 次印刷
字　　数	157 000	定　价　52.00 元

版权所有　　侵权必究　　印装差错　　负责调换